RICHECOURT

SON CHATEAU ET SES SEIGNEURS

NOTICE HISTORIQUE ET GÉNÉALOGIQUE

Extraite du tome xive de la *Revue de Champagne et de Brie*

PAR

Adrien BONVALLET

Vice-Président de la Société des Antiquaires de l'Ouest
Membre correspondant de la Société Historique et Archéologique
de Langres, etc., etc.

A. Dornier. Libraire	A. Pargon, Libraire
à Vesoul	à Langres

1883

RICHECOURT

SON CHATEAU ET SES SEIGNEURS

Arcis-sur-Aube. — Imprimerie Léon FRÉMONT.

RICHECOURT

SON CHATEAU ET SES SEIGNEURS

NOTICE HISTORIQUE ET GÉNÉALOGIQUE

Extraite du tome xive de la *Revue de Champagne et de Brie*

PAR

ADRIEN BONVALLET

Vice-Président de la Société des Antiquaires de l'Ouest
Membre correspondant de la Société Historique et Archéologique
de Langres, etc., etc.

A. DORNIER. Libraire | A. PARGON, Libraire
à Vesoul   à Langres

1883

RICHECOURT

SON CHATEAU ET SES SEIGNEURS

I

Richecourt.

Sur les confins nord du département de la Haute-Saône, à
l'est du territoire de la commune d'Aisey, dont il fait partie,
se déroule à l'extrémité d'un côteau le hameau de Richecourt.
Composé d'un château qui domine la rivière, plus bas d'une
autre maison de maître au colombier seigneurial et de quelques habitations de villageois, placé au milieu d'un sol fertile,
à la naissance d'une verdoyante prairie, contourné à l'est et au
sud par la Saône, quelque peu dissimulé, à certains endroits,
dans le feuillage, il offre à la vue, depuis Ormoy, un doux et
charmant paysage.

Bien qu'à une époque fort reculée il ait appartenu au comté
de Bourgogne, autrement dit la Franche-Comté ; bien qu'à la
division de la France en départements, il ait été placé dans la
Haute-Saône, c'est-à-dire dans une des subdivisions de cette
ancienne province, Richecourt n'en a pas moins été, pendant
une période de cinq siècles, un village champenois.
Compris, à la suite du traité de 1295 qui livra le comté de
Bourgogne au roi de France Philippe-le-Bel, dans une rectifi-
cation de la frontière de cette province, il fut annexé avec
Aisey, son centre paroissial, à la Champagne, sans cesser pour
cela d'appartenir au diocèse de Besançon et au doyenné de

Faverney [1]. Au point de vue judiciaire il ressortissait au parlement de Paris, au bailliage de Chaumont, puis à celui de Langres et à la prévôté royale de Coiffy-le-Château. Sous le rapport administratif et financier, il dépendait de la généralité de Châlons-sur-Marne et de l'élection de Langres. Enfin, féodalement parlant, son fief était dans la mouvance de Coiffy, et relevait, par conséquent, directement du roi. Par contre, et par un des effets de la hiérarchie féodale, les fiefs des Tours-Hautes et Basses, de La Ferté et du Val, tous situés au territoire d'Aisey, relevaient du château de Richecourt [2].

L'étymologie de son nom est facile à établir. Etant donné qu'aux temps gallo-romains et francs, *curtis*, en français *court*, désignait une métairie, une maison rustique, et que cette désinence servait à compléter la désignation d'un lieu, d'une divinité, d'un chef, du propriétaire d'un domaine, on est fondé à voir dans les mots *Ruschicurtis*, *Ruchecort*, *Richecort*, qui, dans d'anciennes chartes des xiie et xiiie siècles ont servi à le désigner, le nom de l'un de ses anciens possesseurs appelé *Ruche* ou *Riche*, *Rucher* ou *Richer* (*Curtis-Rucheri*).

Cette étymologie, jointe à la qualité supérieure du sol, au voisinage de la petite ville de Corre (*Colra*), florissante sous la domination romaine, et à la découverte d'une mosaïque dans les environs de ce domaine et du village d'Aisey (*Allessum*), permet de supposer avec quelque fondement, que, dès cette époque, Richecourt était habité.

En dehors de cette donnée, bien générale, nous le recon-

---

1. Beaucoup d'autres localités franc-comtoises furent alors réunies à la Champagne et incorporées à la prévôté royale de Coiffy. Mais à la suite des guerres et des troubles qui, au xive siecle, désolèrent le royaume, un grand nombre s'en séparèrent et restèrent en litige entre le roi de France et le comte de Bourgogne. Une enquête du 2 octobre 1398, de Jean de Danrémont, tabellion royal et substitut en la prévôté de Coiffy, rapportée dans l'*Histoire de Jussey*, de M. l'abbé Coudriet et de M. l'abbé Chatelet (p. 339 et suivantes), montre que Chauvirey, Vitrey, Cherlieu, le Vernois, Betoncourt-sur-Amance et bien d'autres encore, « *estoient de la prévostel de Coiffy paisiblement avant ce que le roy nostre sire fust prins en Angleterre...* » Il n'y eut aucune contestation pour Richecourt et Aisey, qui n'avaient pas cessé d'être villages champenois.

2. Les aveux et dénombrements de Richecourt mentionnent ces arrière-fiefs. L'aveu que fit dresser M. Gousselin, à la date du 1er octobre 1754, indique qu'ils étaient alors possédés : celui des Tours-Hautes et Basses par M. de Rimaucourt, seigneur d'Aisey, celui de La Ferté, par M. Brunet de la Motte, co-seigneur de Richecourt et d'Aisey, et enfin celui du Val, par M. Marcel Billotte, d'Aisey. (Arch. Nationales, Q1 995.)

naissons, le silence le plus absolu règne sur ses origines, et il faut arriver jusqu'à l'année 1150, pour trouver la simple mention de son nom sous la forme de *Ruschicurtis*[1].

Mais au siècle suivant, son souvenir apparaît plus clairement. Richecourt alors est un fief du comté de Bourgogne. Il a droit de haute, moyenne et basse justice et relève du château de Jonvelle. Ses seigneurs commencent à être connus, et l'un d'eux, Foulques de Rigney, sénéchal du comté, est assez puissant pour tenter et accomplir un de ces actes d'indépendance et d'insubordination dont le régime féodal nous offre tant d'exemples. Bravant l'autorité suzeraine qui y faisait opposition, le sénéchal élève, en 1290, un château-fort sur le sommet du côteau qui domine la Saône[2].

Richecourt dès lors, bien qu'entre les mains de seigneurs particuliers, prend place parmi les forteresses dont le pays est hérissé. Rattaché, comme nous l'avons indiqué plus haut, à la Champagne, il devient, sur l'extrême frontière des deux

---

1. C'est dans une charte d'Humbert, archevêque de Besançon, confirmant différents dons faits à l'abbaye de Clairefontaine, qu'on voit figurer pour la première fois le nom de Richecourt. Il y est inscrit comme lieu d'origine ou de résidence de l'un des témoins d'une donation faite antérieurement, par le seigneur de Jonvelle, aux religieux de ce monastère. On y lit ce qui suit : « *Dederunt etiam vobis dominus Guido Junciville et uxor ejus et garantice promiserunt Daymoncurtis sicut ab hominibus suis ostensum est, et sicut mete designate demonstrant. Testes sunt Wiricus presbyter de Ulmeto, Wiricus presbyter de Ruschicurtis, Hugo prepositus Junciville, Theodoricus ventarius Junciville, etc... — Actum anno gracie millesimo centesimo quinquagesimo.* (Archives de la Haute-Saône, H 354.)

En désignant Richecourt comme point d'origine ou de résidence du prêtre Wiricus, nous avons voulu faire remarquer que ce lieu n'était pas le siège d'une paroisse. Il n'avait pas même alors, si l'on s'en rapporte aux indications du pouillé du diocèse de Besançon, la chapelle de Saint-Antoine, dont il ne fut pourvu que dans la suite. Il pourrait donc paraître téméraire de donner aux mots : *presbyter de Ruschicurtis*, la signification de *curé de Richecourt*. L'église paroissiale, et, par conséquent, le siège de la cure, étaient à Aisey. Le pouillé, dont nous citons le texte, ne laisse aucune incertitude à cet égard : « *Aisey, Ecclesia parochialis et antiqua matrix ecclesiæ de Villers-Potel, sub titulo Sancti Juliani martiris, 28 augusti, dedicatio 26 martii. Patronus, abbas Sancti Vencentii Bisunt. Pagus de Richecour pendet ab ista ecclesia. (Ex visitatione 18 septembre 1654.) Est in decanatu Faverniacensi, bailliviatu Lingonense, Guillelmus archiep Bisunt. 4 idus novembris 1250, confirmavit Sancto Vincentio Bisunt. ecclesiam Aisey cum omnibus appendentiis ejusdem.* » (Arch. du Doubs. Pouillé du diocèse de Besançon, t. II, p. 30.) — La chapelle de Saint-Antoine fut fondée, en 1706, dans le château de Richecourt.

2. Voir au IIᵉ chapitre, l'art. des seigneurs de Rigney.

provinces, l'un des postes avancés et comme la grand-garde de la citadelle royale de Coiffy.

Jusqu'au xviie siècle, la situation de ses seigneurs fut souvent délicate et difficile. Franc-Comtois d'origine pour la plupart, quelque peu turbulents par tradition et par tempérament, possesseurs de terres nombreuses soit dans le comté, soit dans le duché de Bourgogne et dans la Lorraine, soumis, par conséquent, à la suzeraineté de différents princes, ils se trouvèrent plus d'une fois engagés dans les partis hostiles à la France. Aussi, il n'est pas surprenant qu'en diverses circonstances ils aient encouru une sorte de commise, au moins temporaire, sur leur domaine et qu'ils aient vu leur forteresse occupée d'autorité par les officiers du roi. Leur château, du reste, comme on le voit par des aveux de 1461 et de 1508, était « receptable au Roy, » qui pouvait y détenir des prisonniers aux risques et périls du seigneur propriétaire [1].

Il ne faudrait pas croire, en effet, que les seigneurs, même les plus dévoués, fussent libres de disposer de leurs maisons fortes absolument à leur gré. La royauté, vraie dépositaire de l'intérêt national, surveillait les châteaux des particuliers, jugeant avec raison que, tenus en bon état, ils pouvaient être aussi utiles à la défense du pays, que lui devenir nuisibles, si, par défaut de soin ou de moyens de résistance, ils tombaient au pouvoir de l'ennemi. Plusieurs ordonnances en font foi, et nous montrent le soin particulier que nos rois et les états-généraux du royaume apportèrent à l'application de cette mesure. Celles de 1358 et de 1367, notamment, enjoignent soit aux capitaines délégués, soit aux baillis, de s'adjoindre des personnes compétentes et de visiter tous les châteaux, forteresses et maisons-fortes de leur région, de les mettre ou faire mettre en état de défense, aux frais et coûts des propriétaires, et, au cas où ces derniers s'y refuseraient, de s'en emparer, de les réparer, armer, garnir de vivres, tenir en bonne garde et même, le cas échéant, de les faire abattre et raser [2].

Depuis, ces ordonnances ont toujours servi de règle en la matière, et si, aux heures les plus malheureuses de notre histoire, si au milieu des désordres de l'invasion et de l'ardeur des guerres civiles, les prescriptions qu'elles édictaient sont

---

1. Arch. Nat. P 164 et P 177.

2. Voir le texte de ces célèbres ordonnances dans le recueil des anciennes lois françaises d'Isembert, t. V, pages 10 et 270.

restées trop de fois méconnues, elles n'en demeurèrent pas moins l'expression d'un droit supérieur qui fut appliqué, en thèse générale, jusqu'au XVIIᵉ siècle. C'est alors que le pouvoir, loin de prescrire l'entretien des châteaux-forts, tendit, au contraire, en défendant aux seigneurs d'y retirer des partisans, d'y entretenir des garnisons, d'y conserver des armes et des munitions de guerre, à en provoquer l'abandon [1], puis enfin à en ordonner la démolition. C'est dans ces conditions que Richecourt fut démantelé [2].

Comme poste d'observation, cette place était admirablement située pour garder le passage de la Saône et surveiller les forteresses de Jonvelle et de Jussey, avec le voisinage desquelles elle avait aussi à compter.

Sous le rapport de la défense, si elle n'était pas en état de résister à une attaque sérieuse et prolongée, elle pouvait facilement, en temps ordinaire, faire face à un coup de main et tenir en respect les bandes isolées.

En tous cas, sa mission, comme celle des autres châteaux-forts de la région, était de protéger le pays plat, de diviser les forces de l'ennemi, s'il voulait en faire le siège, de donner ainsi aux garnisons voisines, aux corps de troupes répandus dans les environs, le temps de se porter en avant ; de servir, à l'occasion, de base d'opération et de point d'appui aux incursions des Français ou de leurs alliés sur le territoire franc-comtois ; d'offrir enfin un refuge aux retrahants, c'est-à-dire aux pauvres habitants des villages voisins qui, fuyant l'occupation étrangère et les dévastations, s'y retiraient avec leur mobilier, leur bétail, leurs approvisionnements, et concouraient, dans la limite de leurs forces et de leurs facultés, à sa garde et à sa défense.

Mais dans les temps modernes, les perfectionnements de l'artillerie, les progrès de l'art de la guerre réduisirent de beaucoup, malgré les transformations qu'elles avaient pu subir, l'importance des places fortes d'ordre inférieur, et tournèrent, plus d'une fois, les avantages et les résultats qu'on pouvait

---

1. Recueil des anciennes lois françaises. Isembert, Ordonnances du 31 juillet 1626 et de janvier 1629, t. XVI, p. 192 et 275.

2. Dans son dénombrement de Richecourt, établi en 1754, M. Gousselin, en parlant de l'ancien château, l'indique comme étant « totallement en ruine, demolly et abattu par l'ordre de Sa Majesté. » (Archives Nationales, Q1 995.)

en attendre, contre le pays qu'elles étaient chargées de couvrir.

Souvent pris et repris, le château de Richecourt porte encore dans ses derniers vestiges la trace manifeste des différentes reconstructions dont il a été l'objet, et témoigne ainsi de l'importance des assauts qu'il a subis. Divers documents, d'ailleurs, en font foi et permettent, en même temps, de constater que, si plusieurs fois il succomba, plusieurs fois aussi, comme on va le voir par le récit des principaux faits de sa chronique militaire, il sut résister aux attaques de l'ennemi et le tenir en échec.

En 1364, lorsque le Grandes-Compagnies, formées d'aventuriers et de soldats de toutes nationalités que la paix avait licenciés et qu'on désignait sous le nom de *routiers*, de *malandrins*, de *tard-venus*, ravageaient la Champagne, la Lorraine et les deux Bourgognes, plusieurs châteaux-forts de notre région, Coiffy, Richecourt, Jonvelle, Jussey, Demangevelle et autres leur résistèrent, et offrirent aux religieux des monastères ruinés et aux habitants des campagnes dévastées un refuge assuré [1].

Pendant ies guerres de Louis XI et de Charles-le-Téméraire, Richecourt, qui tenait pour le duc de Bourgogne, fut emporté, en 1475, par Georges de la Trimouille, sire de Craon. « Le tier du mois de may, écrit à ce sujet l'historien Gollut, les François entrèrent de rechef, soubs George de Craon, gouverneur de Champagne, et priudrent de rechef Jonvelle, Jussey, Chevigney, Lambrey, Bougey, Conflans, Buffignecourt, Richecourt, S. Remy, Chariez, tuans, pillans, bruslans tout ce qu'ilz y rencontrèrent. L'abbaïe, l'abbé et les religieux de Cherlieu passèrent par leurs mains, cogneurent et experimentèrent leur avarice et cruauté [2].

En 1556, lorsque Wolfand, duc de Bavière et de Deux-Ponts s'avança, par la Franche-Comté et le Bassigny, à la tête d'un corps de reïtres protestants au secours des Huguenots de France, Jonvelle, Amance, Coiffy, Richecourt et autres places

1. *Histoire de la Seigneurie de Jonvelle*, par M. l'abbé Coudriet et M. l'abbé Chatelet, page 77. — *Histoire de Jussey*, par les mêmes auteurs, page 94. — Voir aussi nos *Documents historiques sur Coiffy-le-Haut*, page 28.

2. *Les mémoires de la République Sequanoise et des princes de la Franche-Comté de Bourgogne*, par Loys Gollut, 1592, réédition de 1846, colonne 1290.

tinrent l'ennemi en respect et purent encore recueillir les habitants du pays plat [1].

Vint ensuite, au mois de janvier 1595, l'invasion de Louis de Beauveau, seigneur ·de Tremblecourt, et de Jean d'Haussonville, ces deux gentilshommes lorrains que le roi de France, Henri IV, qui cherchait à se venger de l'Espagne, jeta avec les dix mille hommes qu'ils avaient levés en Lorraine principalement, sur la Franche-Comté, où ils firent une guerre plus opiniâtre et plus ruineuse encore que les précédentes. Pendant que Tremblecourt prenait Chauvirey, Bougey, Cherlieu, Gevigney, Traves et tout ce qui se trouvait sur son passage, Haussonville faisait capituler Jonvelle, après quelques jours de résistance, (24 janvier 1595), occupait, presque sans coup férir, Richecourt, encore aux mains des Comtois, et s'emparait des châteaux et des monastères voisins. Le pays était à feu et à sang, et les malheureux paysans, fuyant leurs maisons incendiées, leurs champs dévastés, ne trouvaient plus d'asile que dans le fond des bois. Le comte de Vergy-Champlitte, gouverneur du comté, aidé des secours que l'Espagne s'était enfin décidée à envoyer, reprenait ces places une à une et refoulait l'ennemi, lorsqu'intervint, le 23 septembre 1595, le traité de Lyon qui assurait la neutralité de la Franche-Comté et allait la débarrasser de l'invasion lorraine.

Les historiens de Jonvelle, MM. Coudriet et Châtelet, ont donné sur cet évènement le texte d'un curieux document du 13 octobre 1595. C'est un procès-verbal de conférence, en forme de dialogue, dont voici la substance principale :

Le maréchal de Biron ayant appris les succès du comte de Champlitte, lui avait dépêché le sieur de Charnesson, grand-prieur de Champagne, pour se plaindre qu'au mépris de la convention du 23 septembre, les Comtois avaient pris de force Jonvelle, Jussey, Faucogney, qui ne devaient être rendus par Tremblecourt que quatre semaines après cette date ; pour réclamer également la remise du matériel de guerre de Jouvelle appartenant au roi de France, et pour demander qu'il soit fait justice des incendies, violences et assassinats commis en France par les Comtois, malgré l'accord. Le comte de Champlitte répondit qu'il n'avait connu le traité de Lyon que deux jours après la prise de Jonvelle ; qu'il ne pouvait rien restituer sans

1. *Histoire de Jonvelle*, p. 176. — *Documents historiques sur Coiffy*, p. 40.

l'autorisation du roi d'Espagne, son souverain ; qu'il avait toujours défendu les excès, et qu'il était prêt à les punir, en réclamant la réciprocité ; car pour un village brûlé en France, les Français ou leurs alliés en avaient brûlé dix en Comté. Arrivant à la question de Richecourt, le grand-prieur s'exprima ainsi :

« Faites évacuer Fouvent, Richecourt, Chaussin et autres forteresses de France, tenues par vos gens. »

Le comte : « Je le ferai quand vous serez disposé vous-même à rendre les places que vous tenez dans notre province. En attendant, j'ordonnerai sous des peines sévères, à nos garnisons logées en France, de respecter votre territoire. »

Le prieur : « Rendez les canons et autres meubles qui se trouvaient dans le château de Richecourt. Renvoyez à Tremblecourt les chevaux de l'un de ses officiers resté à Jonvelle par suite de blessures, et ensuite mis à mort, au mépris du droit des gens. Enfin, restituez à qui de droit tous les prisonniers, meubles et bétail saisis par vous dans les forts et châteaux que vous avez recouvrés depuis le 23 septembre. »

Le comte : « Tout le mobilier de Richecourt a été rendu au sieur d'Aigremont, héritier du sieur de Meuse [1]. Aucun ennemi n'est resté à Jonvelle; ils en sont tous sortis avec armes et bagages. Je mettrai tous mes soins pour faire rendre ce qui vous a été pris depuis le 6 octobre, à condition que le maréchal en usera de même envers nous, et dorénavant je punirai tous les violateurs de la paix. »

Les explications du comte de Champlitte furent acceptées et la convention de neutralité signée par le maréchal de Biron.

Richecourt, Fouvent, Chaussin et les autres places françaises auraient, suivant dom Grappin, été restituées à la France, le 18 décembre 1597 [2]. Mais il résulterait d'autres documents, qu'en 1597, le château de Richecourt était encore au pouvoir des Comtois, sous le commandement du baron de Voisey qui, de là, inquiétait les campagnes du pays langrois, et que ce ne fut qu'à la fin de juin seulement qu'il fut remis, pour 400 écus,

---

1. C'est, selon toute apparence, comme chargé du commandement et de la défense du château, que M. de Choiseul-Meuse était à Richecourt. Le château et une partie de la seigneurie appartenaient en fond à Jean d'Occors, sieur de Lieffrans.

2. Dom Grappin, *Guerres du XVI⁰ et du XVII⁰ siècle*, p. 199.

au sieur de Lieffrans, chargé de le tenir pour M. de Bourbonne [1].

C'est ici que se place un fait assez singulier, sinon très rare
eu égard au temps où il se produisit. Nous voulons parler de
l'enlèvement d'Antoine de la Baume-Saint-Amour, abbé de

1. MM. Coudriet et Châtelet, dans leur *Histoire de la seigneurie de Jonvelle* (p. 89), disent que le sieur de Lieffrans fut chargé de tenir le château
de Richecourt pour Charles de Livron, marquis de Bourbonne. Nous devons
faire remarquer que Charles de Livron, né en 1590, mort à Chaumont le 26
avril 1672, à l'âge de 82 ans, n'avait alors que sept ans. Il s'agit, nous n'en
saurions douter, de son père Érard de Livron, baron de Bourbonne, qui,
avec l'agrément du roi, commandait à Coiffy, pour le compte du fils aîné du
duc de Lorraine, le marquis de Pont-à-Mousson, à qui le traité de Saint-
Germain-en-Laye, du 15 movembre 1594, avait assuré le gouvernement
général de Toul, Verdun, Coiffy, Montéclair et Montigny, tout en laissant
à la charge du roi de France le paiement des garnisons desdites places.
On trouve dans cette situation toute spéciale l'explication naturelle, bien
que non produite encore, de la lettre très commentée, du 16 avril 1595, par
laquelle Henri IV mandait aux habitants de Chaumont, qu'il écrivait à
M. de Dinteville, gouverneur de Langres, et au duc de Lorraine, pour se
plaindre des débordements du sieur de Bourbonne qui commandait à Coiffy,
où il donnait asile et passage à ses ennemis et à toutes sortes de voleurs.
On pouvait se demander à quel titre le roi de France s'adressait au duc de
Lorraine pour se plaindre de la conduite et de l'attitude du gouverneur
d'une place française. Il est facile maintenant de répondre à la question.
C'était le contrôle du roi qui, pour les places restituées à la France, s'exer-
çait sur le commandement général réservé à un prince lorrain.
On sait que la forteresse de Coiffy était tombée au pouvoir du duc de
Lorraine, au mois d'avril 1592, et que Christophe de Choiseul-Lanques, son
gouverneur, brave et fidèle partisan d'Henri IV, avait été obligé de capituler après un long siège et avait été taxé à une rançon de 45,000 francs,
partagée entre Orféo et de Villers. Ce fut évidemment à la suite de cet évènement que le duc de Lorraine confia au baron de Bourbonne, son favori, le
gouvernement de Coiffy, dans lequel il fut maintenu, à la suite du traité de
1594, en se conformant à la clause de l'article VI, qui enjoignait aux com-
mandants et officiers des places remises à la France de se faire pourvoir par
le roi de nouvelles lettres de provision ou de lettres de confirmation. —
Voir à ce sujet le texte du traité de 1594, dans dom Calmet, *Hist. de Lorraine*, tome IV, aux pièces justificatives ; — *L'intervention de Charles III,
duc de Lorraine, dans les affaires de la Ligue, en Champagne*, par M.
Henry : — *La Seigneurie et féaultez de Bourbonne*, par M. Arthur Lacordaire, notice historique publiée par la *Revue de Champagne* et dans laquelle
l'auteur établit, d'une manière très précise et concluante, ce que nous avions
déjà indiqué d'une manière générale dans nos *Documents historiques sur
Coiffy*, à savoir que le baron de Bourbonne n'était pas gouverneur du château de Coiffy lorsqu'il fut assiégé et pris, en 1592, par le duc de Lorraine,
et qu'en conséquence, est fausse et apocryphe la tradition qui accuse ce
gentilhomme d'avoir livré par trahison la place qu'il aurait été chargé de
défendre.

Luxeuil. Au mois de novembre 1605, une troupe d'environ deux cents cavaliers calvinistes, que le traité de Vervins n'avait pas désarmés, s'élança du château de Richecourt, sous la conduite des comtes de Beaujeu et d'Amboise, et vint fondre, le 23 novembre, sur le château de Baudoncourt, où elle s'empara de l'abbé de Luxeuil qui y séjournait sous la garde d'une faible garnison. La tentative de ce parti contre la ville et l'abbaye de Luxeuil ayant échoué, les comtes de Beaujeu et d'Amboise se retirèrent avec leur prisonnier et le conduisirent au château de Dammartin, puis dans celui d'Aigremont près de Bourbonne. L'abbé de Luxeuil, menacé d'être transféré en Belgique, dut payer pour sa rançon la somme considérable de 5,000 écus d'or [1].

Pendant la grande lutte que Richelieu avait entreprise contre la maison d'Autriche et qui a reçu dans l'histoire le nom de Guerre de Dix-Ans, le duc Bernard de Saxe-Weymar, allié de la France, envahit de nouveau la Franche-Comté avec une armée de dix-huit mille Allemands. Ces troupes, appelées Suédoises parce qu'à la mort du célèbre Gustave-Adolphe, le duc Bernard, son meilleur élève, avait été placé à la tête du parti suédois, firent un mal inouï au Comté. Dès la fin de 1635, et dans le courant de l'année suivante, une de leurs garnisons, établie à Richecourt, se livra à de fréquentes incursions sur le sol franc-comtois et répondit par le pillage de Passavant, Corre, Moncourt, Bourbevelle et autres localités, par de désastreuses représailles enfin, aux courses que des aventuriers de toute espèce, des Lorrains principalement, faisaient en pays français.

A l'occasion de ces incursions et de ces courses de partisans qui rendaient si périlleux le séjour et la circulation dans cette région, MM. de Mongenet, d'Agay et Jornand, officiers du bailliage d'Amont, mandaient, le 12 février 1636, à Messieurs du parlement de Dôle ce qui suit : « Messeigneurs, nous sommes obligés de resservir VV. SS. que l'on commet un grand nombre de meurtres et de voleries du costé de Jonvelle, Jussey, Charlieu et autres limitrophes où l'on trouve tous les jours des corps morts et où les païsans voient souvent des voleurs en trouppe, comme de six ou huict et quelquefois de douze, qui

---

1. Voir sur cet incident la notice de M. T. Finot insérée dans le Bulletin de la Société d'agriculture, sciences et arts de la Haute-Saône, année 1877, p. 70.

sont en attente sur les passages et qui font quelquefois leur retraite dans des granges proches de Charlieu, et les quels en veulent aux estrangers plutost qu'à ceux du pays ; en sorte que néanmoins personne n'ose passer du costé de Jonvelle ou Jussey. Nous avons sceu d'abord que ce pouvoient estre quelques uns des garnisons suédoises de Richecourt, Deuilly et autres lieux du voisinage ; mais nous avons advis que ce sont plutost quelques soldats des trouppes de S. A. de Lorraine qui n'ont pu le suivre : tent qu'ils s'assemblent quelquefois pour faire des parties sur les François...» (Arch. du Doubs. Correspondance du Parlement. *Hist. de Jonvelle*).

D'autre part, une enquête judiciaire, faite le 19 juin 1669 par le lieutenant du bailliage d'Amont, à la requête des frères Folley, de Corre, contre le seigneur de Contréglise, qui leur réclamait le paiement des droits seigneuriaux de Bourbevelle, Corre et Ranzevelle, pour les années 1635 et 1636, comme héritiers de Joseph Folley, leur père, alors amodiateur des revenus seigneuriaux de ces terres, fournit de précieuses indications sur les calamités qui affligèrent, dans ces années néfastes, les habitants de Jonvelle, Bourbévelle, Moncourt, Ameuvelle, Vougécourt, Bousseraucourt, Godoncourt, Vauvillers, Ormoy et Ranzevelle. Vingt témoins déposèrent dans cette enquête et établirent que pendant les années 1635 et 1636, les maux causés par la peste, par les garnisons de Bourbonne, Aigremont, Deuilly et de Richecourt surtout, par le passage et le retour des armées alliées, croates, espagnoles et lorraines, allant au secours de la ville de Dôle, assiégée par les Français, enfin par la prise et la reprise de Jonvelle, furent si grands, que les villages furent abandonnés par les habitants qui se réfugièrent dans les bois, que les terres demeurèrent incultes, que le peu de récolte qu'on rentrait était pillé, autant par les alliés que par les troupes ennemies, et qu'il fut impossible de percevoir les droits et les revenus seigneuriaux [1].

---

1. Les faits révélés par cette enquête sont vraiment lamentables. Ainsi, Pierre Perchet, de Vougécourt, dépose entre autres choses, qu'il est certain « que dez le commencement dudit an mil six cent trente six, tous les quartiers furent en désordre, et l'on ne parloit que de tuerie, pillerie et ransonnement, si vray que luy qui dépose fut trois fois prisonnier, et qu'à sa compagnie il y eust de ses camarades trente trois pour une fois et deux à une autre, mesme est-il que le village de Corre fust pillé la veille de Pentecoste dudit an trente cinq ou trente six par les Suédois et en nombre d'environ six mille hommes qui firent plusieurs massacres et quantité de prisonniers tant audit lieu qu'en ceux du voisinage, d'où chacun tascha de s'enfuir et

C'est alors que le feld-maréchal Gallas accourut à la tête de
trente mille Allemands, Croates en partie, au secours de la
Franche-Comté, d'où il chassa les Suédois qui l'avaient en-
vahie. Il s'avança même sur la Champagne et la Bourgogue ;
mais il en fut repoussé, au mois de novembre 1636, par le
prince de Condé et par le cardinal de la Valette. Gallas vaincu
reprit le chemin de l'Allemagne, laissant, toutefois un corps
de six mille hommes pour la défense du comté. Jonvelle, Ma-

de se retirer dans les bois ou autres du mieux qu'ils peurent, tant y a que
le cours entier de ladite année fust remply de soldats et de désordres et
insultes qui causèrent la mort de la majeure part des habitants desdits lieux
avec la perte de leurs biens.....» — C'est ensuite Claude Guénin, de
Vougécourt, qui vient déclarer «..... qu'à peine s'osoit-on exposer à la
campagne, parce que aussytost et le plus souvent les bestiaux y estoient
surpris et pris par les garnisons françoises estant à Bourbonne, Aygremont,
Richecour, Deuilly, et autres lieux circonvoisins..... Surtout, ajoute-t-il,
il est notoire et certain qu'à l'occasion desdittes courses et pertes qui s'es-
chauffèrent ledit an trente six, la désolation fust si grande ès dits lieux que
la majeure part des habitants moururent les uns de peste, les autres de pau-
vreté et famine, une partie tuée et massacrée, le reste prisonnier escarté ça
et là par les bois, ne sachant que devenir, cherchant seulement retraite pour
sauver leur vie, bien loing de songer à leur récolte ; que si quelqu'un l'a
entrepris ce fust sans profit, parce que les allées, passages et repassages
des gens de guerre furent si fréquents durant ledit an mil six cent trente
six, que quand les uns sortoient, les autres y rentroient..... » Il rappelle,
comme les autres témoins, le pillage et les massacres de Corre, de Bourbévelle, de Ranzevelle, etc..... — Claude Perrin, de Bourbévelle, dépose
qu'après la ruine de son village, où deux maisons seulement et l'église restèrent débout : « luy déposant qui estoit jeune homme, aagé d'environ
quinze ou seize ans, résolut de quitter le pays, comme il fist, où il ne
voyoit que malheurs et misères chez soy, et presque tous les habitans tuez
par les soldats ou morts de peste, son père ayant heu les bras et les jambes
coupées et la teste fendue d'un coup de sabre par les Crovates la mesme
année trente six, que luy déposant avec sa mère tenoit le grangeage du
sieur baron de Richecour, rière ledit Bourbévelle, dont ils ne payèrent aucun
rentaire faute de jouyssance et attendu l'embrasement des fruits qu'ils
avoient recueillis..... » — Jeanne Lamez, de Ranzevelle, rapporte qu'au
temps du siège de Dôle (1636), où les troupes passèrent « le plus grand
mal fust qu'ils bruslèrent toutes les maisons dudit Ranzevelle, à réserve
d'une ou deux seulement..... Et avant tout cela, le peuple fust fort incom-
modé tant par la contagion qui en avoit fait mourir plusieurs, que par les
courses des garnisons françoises et voisines, principalement celle de Richecour, qui avoit tué quantité de personnes et enlevé plusieurs bestiaux, en
sorte que pendant tout le cours de la dite année et avant le siège de Dôle,
il n'y avoit que désastre et calamité et tout ruinez..... Adjoutant la dépo-
sante que son oncle et un sien frère furent faits prisonniers par la dite garnison de Richecour quelque temps avant le siège de Dôle et fallut que le
père d'icelle porte leur ransson, tellement que chacun craignoit de se mettre
aux champs.....» (Arch. de la Haute-Saône, B. 6144.)

gny, Jussey, Gevigney, Demangevelle et autres places eurent leurs garnisons allemandes de cinquante à deux cents hommes. Richecourt lui-même, bien que forteresse française, aurait eu, paraît-il, à subir l'occupation croate et l'inspection du marquis de Saint-Martin, gouverneur de la province, et de l'abbé des Trois-Rois, en 1638 [1].

Rien ne saurait décrire le mal que les garnisons étrangères et comtoises continuèrent à faire à cette malheureuse région. Commandées par le colonel Bornival, par Gaucher du Magny, par Faulquier d'Aboncourt, sieur de Chauvirey, elles s'élançaient tantôt en partis isolés, tantôt en bandes réunies, de Jonvelle, de Richecourt, de Demangevelle et de tous les points qu'elles occupaient, autant peut-être sur le comté que sur le Bassigny, pillant et incendiant les villages, tuant les habitants ou les emmenant prisonniers [2].

Enfin toutes ces calamités, auxquelles s'étaient jointes la famine et la peste, eurent un terme. Le 21 septembre 1641 Jonvelle tomba au pouvoir des Français. Les murailles de sa forteresse, attaquées par la mine, s'écroulèrent avec fracas et ensevelirent sous leurs débris ses derniers défenseurs. Le bourg lui-même fut livré aux flammes et la population presque tout entière passée par les armes.

Pendant ce temps, un détachement de troupes assurait les places de Richecourt, Demangevelle, Magny, Senoncourt, Saint-Remy, Amance, Vauvillers et Saint-Loup, et saccageait le bourg et l'abbaye de Faverney [3]. La paix fut signée peu de temps après, et rétablit, une fois encore, pour le comté, cette neutralité si souvent enfreinte et si souvent illusoire.

Là s'arrêtent nos renseignements sur la chronique militaire de Richecourt, et nous n'avons pas même trouvé son nom cité dans les documents relatifs à la double conquête de la Franche-Comté par le roi Louis XIV, en 1668 et en 1674. Il y a apparence, cependant, que ce fut à la suite de l'annexion de cette province à la France que le roi fit démanteler cette place, devenue complètement inutile pour la défense du pays et même dangereuse pour sa sécurité intérieure comme pouvant, en temps de troubles, près d'un pays récemment annexé, servir

1. MM. Coudriet et Châtelet. *Histoire de la Seigneurie de Jonvelle,* p. 271.

2. Voir nos **Documents historiques** sur *Coiffy,* page 60 et suivantes.

3. *Hist. de la Seigneurie de Jonvelle,* p. 295-299.

2.

de retraite aux ennemis de l'Etat et aux seigneurs révoltés ou
mécontents. Eventualité sage à prévoir, sans doute, mais en
fait peu à craindre, car la féodalité avait vécu. La royauté
lui avait porté les derniers coups et avait assis sur ses
ruines, d'une manière définitive, l'unité et la grandeur de la
France.

II

Plan et description du château [1].

Construit sur le sommet du côteau qui domine la Saône, le
château-fort de Richecourt, avec ses épaisses murailles, ses
tours massives, ses profondes oubliettes et ses larges fossés,
offrait un specimen assez complet de l'architecture militaire
et du système de défense en usage au moyen-âge et dans la
première période des temps modernes.

Laissant de côté la mise en scène des chevaliers, des
nobles dames, des pages et des trouvères dont l'imagination
se plaît si facilement à peupler les vieux manoirs, nous allons
entreprendre de reconstituer le plan de ce château, avec des
indications aussi précises que l'ont permis l'état actuel de ses
ruines, et les traditions certaines qui s'y rattachent.

Cette place forte, dont le lecteur peut suivre la définition
avec la planche qui est jointe à notre texte, se composait de
deux parties distinctes. L'une très ancienne, puisque certaines
portions de sa construction remontaient à l'année 1290, était
la forteresse proprement dite, ou, si l'on veut, la citadelle.
L'autre, moins solidement fortifiée, avait été élevée à la fin
du xv° siècle, ou dans la première moitié du xvi°, par un seigneur de la maison de Cicon, dont on voit encore l'écusson
encastré dans le mur extérieur de la tour du sud.

La forteresse formait un parallélogramme irrégulier, flanqué

---

1. C'est à l'obligeante communication de M. Joseph Chavane, officier de
cavalerie, petit-fils de M. le baron de Dalmassy, propriétaire actuel des
ruines du château-fort de Richecourt, que nous sommes redevables de la
majeure partie des renseignements qui composent ce chapitre. Le plan qu'il
a dressé, avec beaucoup de soin, sur les lieux mêmes, et les notes dont il
l'a accompagné, ont, sur ce point, en complétant les nôtres, singulièrement
facilité notre tâche. Le plan général et les sections de plan que nous donnons, sont la réduction du travail de M. Chavane.

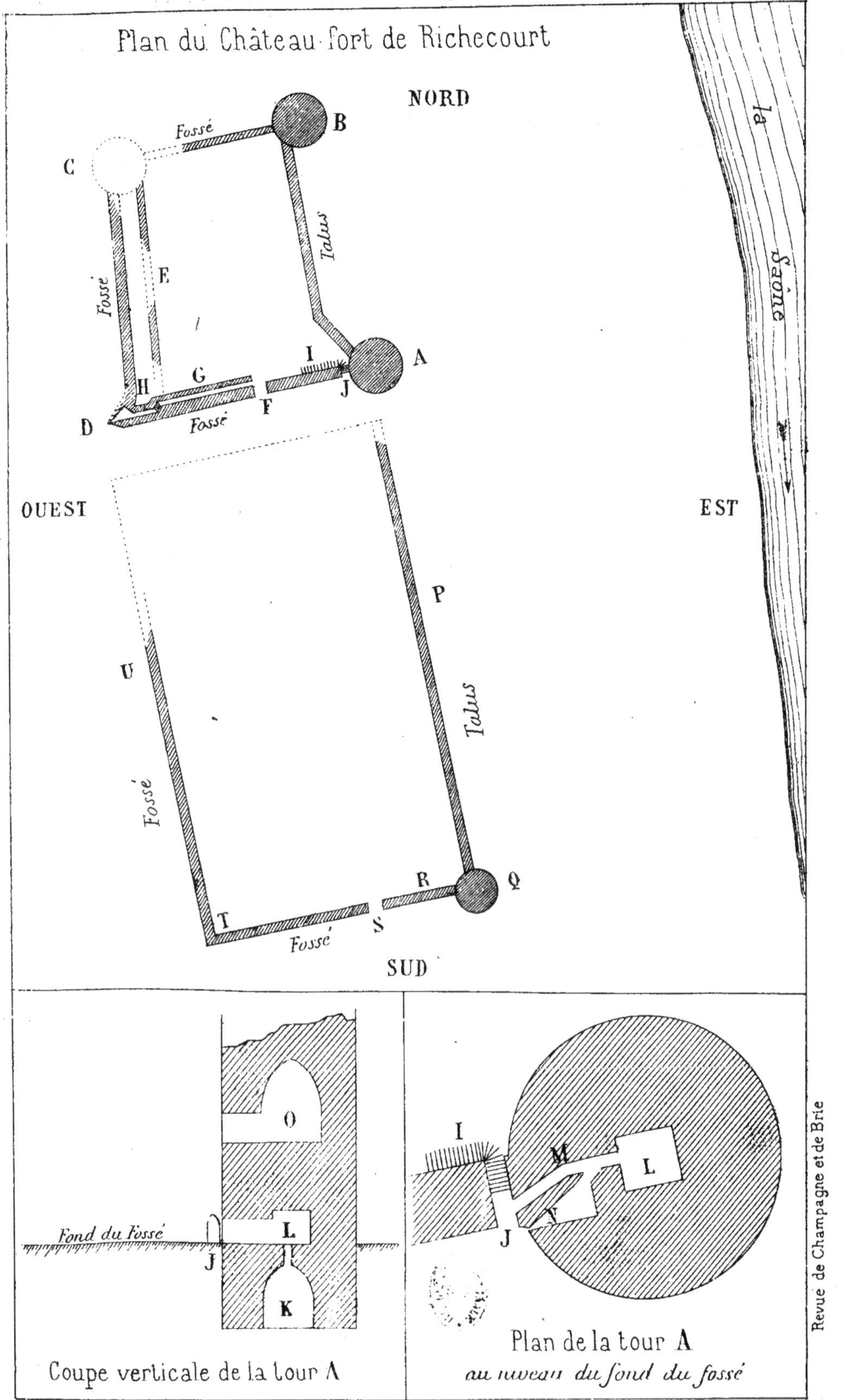

Les lignes en pointillé indiquent les murs qui n'existent plus au niveau du Sol

au sud-est, au nord-est et au nord-ouest de trois tours A, B.
C, formant bastion. Au sud-ouest elle était terminée par un
saillant D, muni d'une meurtrière qui battait le fossé et qu'on
reconnaît parfaitement.

Les tours du sud-est A et du nord-est B sont en partie debout. Celle du nord-est C a disparu ; mais un tertre ou ma-
melon, recouvert de terre et de végétation, en désigne clairement l'emplacement.

Les tours A et B avec la muraille ou courtine de 43 mètres
de longueur et de 2 mètres 50 centimètres d'épaisseur qui les
relie et rejoint, par une ligne oblique et en avancée, la première
de ces tours, couronnent le sommet d'un talus très raide qui
n'a pas moins d'une vingtaine de mètres de hauteur. La
Saône coule parallèlement à cette ligne, à environ cinquante
mètres de là.

Le mur, large de deux mètres, qui rattachait les tours B et
C, moins épais et moins bien construit que ceux des autres
côtés, n'a pas aussi bien résisté à l'action du temps, et ne doit
pas, du reste, appartenir à la construction primitive. On en
perd la trace bien avant sa jonction avec la tour C, qui a également disparu. L'état incertain des ruines, à cet endroit, nous
a empêché de déterminer exactement sa longueur. Un fossé,
très large et profond de 15 mètres, suppléait à l'imperfection
de la construction.

La tour C et la meurtrière D sont reliées entre elles par une
courtine de 45 mètres d'étendue et de 3 mètres d'épaisseur.
Elle est longée par un fossé taillé à pic dans le roc. Maintenant assez étroit, ce fossé devait avoir anciennement de plus
grandes dimensions. Il est présumable qu'à l'occasion d'une
reconstruction partielle du château, on a, soit pour agrandir
la cour intérieure, soit pour établir des hangars ou des loge-
ments, soit pour donner à la meurtrière du bastion D le déve-
loppement voulu, soit enfin pour tout autre motif, anticipé
sur le fossé primitif, qui perdit ainsi une partie de sa largeur.
C'est, du moins, ce qui nous a paru résulter de l'examen des
vestiges d'un mur E, large de 2 mètres, qui, partant de l'axe
de la tour C, formait sur le côté ouest la limite du rempart et
devait aboutir au sud à une quatrième tour, qui aura été dé-
truite, lors de la construction de la meurtrière du saillant D.

Au sud, une forte muraille, de 50 mètres de longueur sur
3 mètres d'épaisseur, partait de la tour A et rejoignait la meurtrière D. Assez bien conservée jusqu'à une hauteur de 15 mè-

tres, à partir du fond d'un fossé, profond de 5 mètres et large de 15, cette belle courtine a perdu 10 mètres de sa hauteur, par suite de l'écrêtement de sa partie supérieure et du comblement du fossé.

Cette portion du rempart est des plus intéressantes à examiner. C'est là, en effet, que se trouvait, à 17 mètres de la tour A et à 30 mètres 50 centimètres de la meurtrière D, le pont-levis, qui s'abaissait d'une porte en ogive F, large de 2 mètres 50 centimètres, surmontée d'une petite fenêtre, ornée d'un trèfle ogival, dont les débris gisent à quelque pas de là sur le sol. Cette porte se trouvait à 5 mètres au-dessus du fond du fossé. Ce qui en reste est à peu près de niveau avec le terrain du jardin.

En pénétrant par cette porte F, on trouve, à gauche, à 3 mètres de profondeur, une galerie G, à voûte ogivale, qui mène à la meurtrière D, en passant par un escalier et par un couloir pratiqué dans l'épaisseur de la muraille.

A droite de la porte F, un escalier I conduisait à une poterne J terminée en ogive et haute de 1 mètre 80 centimètres sur 90 centimètres de large, qui aboutissait au niveau du fond du fossé et donnait, en même temps, accès dans la tour A.

Cette tour, malheureusement en partie à arasée, en 1830, par suite d'un malentendu, n'en reste pas moins, toute mutilée qu'elle est, des plus curieuses à visiter. Construite en pierres de grand appareil, comme l'était, au surplus, l'ensemble du château-fort, elle mesure 11 mètres 20 centimètres de diamètre, ce qui lui donne une circonférence de 35 mètres[1]. Ses murs, qui, en certains endroits, forment un massif plein, ont dans les parties évidées à l'intérieur une épaisseur qui varie de 3 m. 35 c. à 4 m. 75 c.

Dans le sous-sol, au-dessous du niveau du fond du fossé, existe une salle ronde K de 3 mètres 70 centimètres de diamètre, sans autre issue qu'un puits de voûte de 98 centimètres de largeur, sur 1 mètre 30 centimètres de hauteur, fermé au moyen d'une dalle mobile, et servant à établir la communication avec l'étage supérieur. C'est le sombre cachot, c'est la terrible oubliette du moyen-âge. Son aspect seul vous glace,

---

1. Un diamètre de 11 m. 20 doit rigoureusement donner une circonférence de 35 m. 20 c. On peut, en moyenne, évaluer à 35 mètres la circonférence des tours du château de Richecourt.

et l'on se demande involontairement de quels drames, de quelles angoisses elle a pu être autrefois le témoin !

La petite pièce supérieure et carrée L, haute de 2 mètres 40 centimètres et large de 1 mètre 90 centimètres, par laquelle on communiquait avec l'oubliette K, porte encore à l'arête de sa voûte la poulie qui servait à y descendre soit les prisonniers et leurs approvisionnements journaliers, soit les munitions d'artillerie et les engins de guerre qu'on pouvait, à l'occasion, y déposer. Un corridor ou couloir, à voûte plate, de 1 mètre 80 centimètres de hauteur sur 65 centimètres de largeur, et long de 5 mètres, aboutit à la poterne J du niveau du fossé et forme, vers le milieu, un angle d'où part un autre couloir dont la voûte s'abaisse insensiblement et se termine à la meurtrière N qui défendait la poterne du fossé sud.

Au-dessus de la pièce L, une salle ronde O, de 4 mètres 50 centimètres de diamètre, à voûte ogivale, et qui devait prendre jour sur le talus, communiquait avec l'intérieur de la forteresse par un couloir de 90 centimètres de largeur sur 1 mètre 80 cent. de hauteur. Plus anciennement, cette tour avait encore un autre étage.

La tour B du nord-est a exactement les mêmes proportions que celles de la tour A. On y voit aussi la salle ronde correspondant à la lettre O, et plus haut un parement de corridor qui indique l'existence d'un étage supérieur disparu depuis longtemps. Il y a tout lieu de supposer que cette tour avait, et même qu'elle a encore, comme sa voisine, son oubliette et sa salle supérieure. Un sondage peu difficile à pratiquer, mais qui reste à exécuter, permettrait de vérifier le fait.

Dans la cour ou plateforme intérieure de la forteresse, que recouvre maintenant une vigoureuse végétation, il y avait probablement quelques bâtiments accessoires. Toutefois, nous n'avons retrouvé aucune donnée précise à cet égard.

La deuxième enceinte du château partait du sud de la forteresse, et formait un vaste quadrilatère ne mesurant pas moins de 100 mètres de longueur sur environ 60 de largeur.

On retrouve sur une étendue de 96 mètres la muraille P, épaisse de 2 mètres, qui dominait la Saône. C'est sur ces solides assises et vers la partie nord qu'à été construite, dans la première moitié de ce siècle, l'habitation du propriétaire actuel de l'emplacement du vieux château-fort. Cette muraille devait prendre naissance à la limite du fossé et en face de la tour A de la forteresse. Au sud, elle aboutissait à une tour Q restaurée au commencement du siècle dernier et sur laquelle s'étale encore, sans cimier ni supports, le vieux blason des Cicon [1].

Dans le mur R T, à 19 mètres de la tour Q, se trouvait une porte S qui a été démolie en 1850. Le montant gauche, cependant, est resté debout et est encore muni de deux meurtrières superposées.

De la porte S à l'angle sud-ouest T, le mur a 33 mètres de longueur et 2 mètres 50 centimètres d'épaisseur. La muraille U, qui sur la ligne de l'ouest rejoignait le fossé de la citadelle en face de la meurtrière D, a une égale épaisseur. Mais on en perd la trace environ 40 mètres avant sa jonction avec le fossé. C'est sur les murs T et U qu'ont été élevées les écuries actuelles de la ferme.

Un fossé, dont on ne connait ni la largeur ni la profondeur, entourait la seconde enceinte à l'ouest et au sud ; à l'est, elle était protégée par le talus et par la Saône. Nous avons vu qu'au nord elle s'appuyait sur le fossé de la forteresse.

Par l'examen général de l'architecture et de la disposition des diverses parties encore existantes de la place-forte de Richecourt, on est amené à constater que rien dans cette sévère et massive construction n'avait été sacrifié au luxe, ni au confortable, et on est fondé à supposer que, jusqu'à la fin du XVIIe siècle [2], elle dut être uniquement une position, un poste militaire, et non un lieu de séjour ou de résidence pour ses seigneurs et leur famille.

III

Les Seigneurs de Richecourt.

Après avoir retracé l'historique de Richecourt et décrit son ancien château-fort, il nous reste, pour compléter cette étude,

---

1. C'est au premier étage de cette tour que se trouvait la chapelle de Saint-Antoine, fondée en 1706 par Simon Humbelot, seigneur de Richecourt, et par Simonne-Ignace Lambert, sa femme. Cette chapelle, qui ne présentait absolument aucun intérêt au point de vue archéologique, et qui, depuis longtemps était abandonnée, vient d'être transformée en un salon prenant jour sur la vallée, par la vaste fenêtre géminée qui vient d'y être percée.

2. C'est alors que fut construite la maison basse dont il est fait mention dans les dénombrements de la seigneurie.

à parler de ses seigneur et à en donner la nomenclature jusqu'à l'époque de la Révolution. Ce que nous voulons indiquer, c'est moins leur généalogie que le rôle qu'ils ont joué, le rang qu'ils ont tenu dans leur province, les charges et les emplois qu'ils ont occupés, les actes enfin et les faits qui établissent plus particulièrement leurs rapports avec leur fief.

Richecourt, pour l'honneur de sa chronique, a eu l'avantage d'être le patrimoine de puissantes familles qui, jusqu'à la fin du xvii° siècle, c'est-à-dire pendant une période de quatre siècles environ, se sont transmis sans interruption, soit par alliance, soit par succession, son domaine ainsi que celui d'Aisey, souvent confondu avec lui et souvent morcelé comme lui[1]. Avec la fin du xvii° siècle commence une série nouvelle de seigneurs. On quitte la tradition plusieurs fois séculaire du fief dans ces maisons de haut parage dont le nom appartient, pour la plupart, à l'histoire de leur province, et même, si nous parlons des Vergy, des Saulx-Tavannes, des La Baume-Montrevel, à l'histoire de France. Le domaine de Richecourt est alors aliéné et change de mains. Les anciens barons sont remplacés par des familles moins considérables, les unes de bonne noblesse, les autres devenues nobles par suite et en récompense d'honorables services, par d'autres, enfin, faisant partie de cette bourgeoisie active, intelligente et laborieuse, qui, en tenant des emplois, ou en acquérant des fiefs, se créait une situation privilégiée, se rapprochant beaucoup de la noblesse, avec laquelle on l'a plus d'une fois confondue[2].

Arrive la Révolution, qui fait disparaître l'ancienne législation. Plus de seigneurs, plus de fiefs. C'est là que doit nécessairement s'arrêter notre étude. Aussi, c'est à peine si, en dehors de cette limite, nous consacrerons quelques lignes à donner les noms des propriétaires qui ont remplacé, à Richecourt et à Aisey les anciens possesseurs féodaux.

---

1. Bien que notre étude soit consacrée à Richecourt, nous serons fréquemment appelé, dans le courant de ce chapitre, à faire mention du fief à haute, moyenne et basse justice d'Aisey, qui relevait aussi du château de Coiffy.

2. Le non-noble qui possédait tout ou partie d'un fief, jouissait des droits utiles et honorifiques qui s'y rattachaient. Il pouvait s'en qualifier seigneur, co-seigneur ou seigneur en partie, suivant l'importance de sa possession et même généralement en porter le nom à la suite du sien ; mais défense lui était faite de prendre la qualification de noble et d'écuyer, qui était l'attribut distinctif de la noblesse.

DE LA ROCHE

Les plus anciens documents que nous ayons retrouvés sur les seigneurs de Richecourt remontent à la première partie du xiii° siècle. Ils indiquent que ce fief appartenait, en totalité ou en partie, à une famille du nom de la Roche, que nous supposons être une branche de l'illustre maison franc-comtoise de la Roche en Montagne ou sur l'Ognon, qui acquit une grande renommée à la croisade de 1202 par la conquête des duchés d'Athènes et de Thèbes, qu'elle conserva pendant plusieurs générations, et dont les armes étaient : *de gueules à quatre points d'or équipolés d'hermines* [1].

En 1216, Guy et Guillaume de la Roche, frères, écuyers, abandonnèrent au monastère de Clairefontaine un pré sis à Richecourt, que Viard de Vougécourt, à qui ils l'avaient remis en gage, avait déjà cédé aux religieux. Clémence, femme de Guillaume, approuva cette donation [2].

En 1228, l'archevêque de Besançon confirma au même monastère différents dons faits par Guillaume de la Roche, seigneur de Roulans, et entre autres celui d'une saulaie située près du pré de Saint-Julien, au territoire de Richecourt. Comtesse, sa femme, Lucate, veuve d'Othon de Vanes, Elisabeth

---

1. Consulter pour la maison de la Roche : Gollut *passim* ; Dunod de Charnage, nobiliaire du comté de Bourgogne, généalogie de Ray et de la Roche, etc.

2. Voici le texte de cette charte : Notum fiat presentibus et futuris quod dominus Guido et dominus Willermus fratres de Rocha dederunt Deo et fratribus Clarifontis pratum in territorio de Ruchecort quod habuit in vadio a dictis militibus Wiardus de Wigecort, et garantiam portare promiserunt in bona fide erga omnes homines de eodem prato fratribus Clarifontis. Fratres vero dicte domus remiserunt jam dictis militibus omnes querimonias quas habebant adversus eos, ita tamen quod memorati milites versa vice omnes querelas quas habebant adversus domum Clarifontis in bona pace remiserunt. Testes : Symon dominus Sexifontis, Humbertus prepositus Junciville et Willermus fratres et Henricus Ventarius. Hoc laudavit Clemencia uxor Willermi prelebati. Testes Willermus de Cromari, Ottho de Larriens, Wido de Wigecort. Et ut hec omnia rata et inviolabiliter permaneant presentem paginam sigillis Guidonis domini Junciville et Guidonis domini de Rocha fuit opere parcium roborari. Actum anno Verbi incarnati, millesimo ducentesimo sexto decimo. — Les sceaux manquent. (Archives départementales de la Haute-Saône, H 394.)

et Sibille, ses trois filles, approuvèrent également cette libé-
ralité[1].

Ces indications sont les seules qui témoignent du passage
de la famille de la Roche à Richecourt.

DE PASSAVANT

Armes : D'or, à deux fasces de gueules accompagnées de neuf merlettes de
même mises en orle.

Cette maison, qui posséda le fief de Richecourt, était originaire de Passavant-en-Vosges, terre et localité dont le duc de
Lorraine, le comte de Champagne et le comte de Bourgogne
se partageaient la juridiction[2]. L'union de Gisèle de Passavant,
fille de Vichart de Passavant, avec Vedon, comte de Toul,
petit-fils de Mathieu de Lorraine, puis avec Jean du Châtelet
(1285), d'autres alliances avec les familles de Beauvau, de
Choiseul, de Bourbévelle, de Joinville, indiquent assez le rang
élevé qu'elle tenait dans la noblesse de sa région[3].

Un seul document nous a révélé son souvenir, au point de

1. Cette charte est ainsi conçue : Nos Willermus Dei gracia Bisuntinus
archiepiscopus, notum facimus presentes litteras inspecturis quod dominus
Willermus miles de Rocha, dominus de Rolens, dedit in perpetuam elemo-
sinam abbati et conventui Clarifontis Cisterciensis ordinis Bisuntiniensis
diocesis terciam partem grosse decime de Ulmeto et totum terragium quod
habebat in terragio dicte ville in illa parte que faillum nuncupatur. Dedit
etiam salicetum suum situm juxta pratum Sancti Juliani in finagio de Richecort. Concessit quoque prefatus nobilis jam dictis fratribus Clarifontis totum
molendinum suum de Wigecort. Et de omni jure sibi in predictis compe-
tenti se ipsum in nostra presencia devestiens dictos abbatem et conventum
corporaliter investivit, promittens bona fide quod nunquam per se vel per
aliam personam veniet contra supradicta, sed de hiis omnibus legitimam
garantiam portabit abbati et conventui antedictis contra omnes. Hec omnia
laudaverunt domina Comitissa uxor ipsius Willermi et filii eorum videlicet
Lucata quondam uxor domini Othonis dicti de Wanes et Elysabeth et Si-
billa. In cujus rei testimonium ad preces supradictorum presentes litteras
sigilli nostri munimine duximus roborandas. Actum anno Domini millesimo
ducentesimo quadragesimo octavo, mense octobri. — Le sceau manque.
(Arch. dép. de la Haute-Saône, H 394.)

2. Passavant-en-Vosges fait actuellement partie du canton de Jussey,
dans le département de la Haute-Saône.

3. Dom Calmet, *Généal. du Châtelet*, p. 21. — *Preuves*, p. 5. — P. Anselme, *Hist. Généal. des Grands Officiers de la Couronne*, t. VII. — Bi-
blioth. Nat. Du Camps, t. II, *de Champagne*, p. 92, 95, 101, etc.

vue du sujet qui nous occupe. C'est la déclaration qu'en l'année 1255, le comte palatin Othon de Bourgogne remit au roi de France, à l'occasion de la contestation qu'il avait avec le duc Jean de Bourgogne, son frère, pour le partage de la succession paternelle. Dans cette déclaration, le comte de Bourgogne compta, parmi ses vassaux, le sire de Passavant, pour Richecourt[1].

DE RIGNEY. DE FROLOIS[2]

Armes de Rigney : D'azur, alias de sable, au lion d'argent couronné d'or.

Armes de Frolois : Bandé de six pièces d'or et d'azur, qui est de Bourgogne ancien, à la bordure engreslée de gueules.

A la fin du XIIIe siècle, Richecourt faisait partie des possessions de la maison de Rigney. L'un de ses membres, Foulques de Rigney, qui avait acquis, en 1284, de Jean de Rans, l'office héréditaire de sénéchal du comté de Bourgogne, et que l'historien Gollut cite parmi les chevaliers les plus en renom au temps de la comtesse Alix de Bourgogne, ne craignit pas, comme nous l'avons rappelé précédemment, d'élever une forteresse à Richecourt, contre le gré et la volonté de Guy de Jonvelle son suzerain immédiat. Saisi de cette infraction aux prescriptions de la coutume féodale, le comte Othon IV de Bourgogne prescrivit au noble sire de Jonvelle d'user de son droit et de faire abattre la forteresse, faute de quoi il s'en prendrait à lui-même (1290)[3]. Il est à supposer qu'une transaction

---

1. Gollut. *Mémoires historiques de la république Sequanoise et des princes de la Franche-Comté de Bourgogne*, éd. de 1846, colonne 604.

2. Auteurs à consulter : Gollut *passim*. — André du Chesne, *Histoire de la maison de Vergy*, p. 227, 228. — Dunod du Charnage, *Nobiliaire du comté de Bourgogne*, art. Rigney, — *Généalogies de Bourgogne*, généal. de Vergy. — La Chenaye des Bois, *Dictionnaire généalogique*, art. Frolois, etc., etc.

3. Cette pièce offre un intérêt tout particulier ; à ce titre, nous en donnons le texte : Nos Othes, coens palatin de Bourgoingne et sires de Salins, faisons savoir à tous que coustume générale est, en tout nostre conté de Bourgoingne que nulz ne puet faire maison fort ne autre forteresse dedans la chastellenie d'un chastel d'un autre, sans la volunté dou seigneur dou chastel ou dedans autruy justice ; et se il le fait, ly sires qui ai la seignorie ou la justice, la puet abattre sans autoritez d'autre personne ; ou se il ne le fait, li chier sires san puet panre à luy. Et Guiot sires de Jonvelle nos anst monstrey, que messire Forques de Rigney façoit et édifioit maison fort à Richecort contre sa voluntey, lequel leux est si comme il dit dedans la châ-

intervint entre Guy de Jonvelle et son puissant vassal, car le château-fort fut continué.

Jean de Rigney, son fils, chevalier, sénéchal du comté, s'allia à Guillemette de Vienne, fille de Hugues de Vienne et de Marguerite de Ruffey. Nous ne saurions affirmer, d'après le mariage de son fils, que Jean de Rigney ait possédé Richecourt, en totalité du moins.

Hugues Ier de Rigney, dit Huguenin, chevalier, sénéchal du comté, en 1359, prit parti avec Jean de Neufchâtel pour le roi de Navarre et les Anglais, contre le roi de France, et contribua en personne à la défense de Beaufort contre les Français. Philippe de Valois confisqua sa terre de Rigney. Mais s'étant séparé de Jean de Neufchâtel, Hugues de Rigney sut s'attirer la faveur du Dauphin, alors régent du royaume, qui lui accorda des lettres de rémission et lui rendit cette seigneurie, à condition, toutefois, qu'il la tiendrait à foi et hommage de la couronne de France, et que lui et ses successeurs se reconnaîtraient hommes-liges du roi. Le sénéchal signala efficacement sa reconnaissance au dauphin, en faisant mettre en la main des Français quatre places que les Anglais tenaient en Champagne.

Hugues de Rigney épousa l'héritière de Frolois et de Richecourt, d'une illustre maison que les généalogistes ont donnée comme une branche puinée des anciens ducs de Bourgogne. Elle était fille de Miles de Frolois et de Jeanne de Vaulx. De cette union sont issus deux enfants :

1° Hugues de Rigney, dont il va être question.

2° Marguerite, femme de Jean de Lieresse, dont la fille Isabeau de Lieresse fut mariée à Thibault de Chatelvouey de Porrentruy.

Hugues de Rigney, II du nom, seigneur de Rigney, Frolois, Richecourt, Pourlans, sénéchal du comté en 1388, fut du nom-

tellenie de Jonvelle; pourquoy nous avons fait enquérir diligemment de ceste chouse et avons trouvey, par bounes gens, que ladite maison de Richecort estoit et est dedans les poins de la ditte chastellenie de Jonvelle et dedans les paiages doudit Guiot, et en partie en la proprietey et en l'éritaige doudit Guiot. Pourquoy nous commandames audit Guiot que de ceste chouse fit son devoir ou nos en panrieus à luy. En tesmoing nous avons fait mètre notre seel en ces lettres. Donné à Colrmpne le vanredy après l'Apparition, l'an. Notre Signour mil CC et nonante. (Archives de la Côte-d'Or. Recueil, t. II, p. 821, 822. — *Hist. de Jonvelle.*)

bre des chevaliers bourguignons et franc-comtois qui s'unirent
au Comte-Vert dans la guerre qu'il entreprit contre Galéas de
Milan. De son alliance avec Jeanne de Neufchâtel, veuve
d'Henri de Vergy, seigneur de Belvoir, il n'eut qu'une fille,
Jeanne de Rigney, qui épousa Antoine de Vergy, comte de
Dammartin, à qui elle apporta les biens de sa famille, y
compris l'office de sénéchal du comté.

De Vergy [1]

Armes : de gueules à trois quintefeuilles d'or, posées 2 et 1

En passant par alliance à Antoine de Vergy, la seigneurie de
Richecourt entra dans une des familles les plus puissantes et
les plus illustres de la Bourgogne. Issue, suivant l'historien
du Chesne, qui en a écrit l'histoire généalogique, des anciens
comtes de Vienne, alliée directement, en 1199, à la maison de
Bourgogne, par le mariage d'Alix de Vergy avec Eudes II,
duc de Bourgogne, elle a donné un cardinal, deux archevêques
de Besançon, trois évêques, dont un occupa le siège épiscopal
de Paris, un abbé de Cluny, un maréchal de France, deux
maréchaux, six gouverneurs et dix sénéchaux de Bourgogne,
des chevaliers de la Toison d'Or et d'autres ordres. Elle s'est
éteinte, en 1602, par le décès de Claude de Vergy, comte de
Champlitte, gouverneur et capitaine général du comté de Bourgogne.

Antoine de Vergy, comte de Dammartin, seigneur de Champlitte, Rigney, Frolois, Richecourt, Chatillon-en-Vosges, Port-
sur-Saône, Chariez, Pusel, Chevanne-sur-Vergy, qui épousa
l'héritière de Rigney, était fils de Jean de Vergy, dit La Lèvre,
sénéchal, maréchal et gouverneur de Bourgogne, et de Jeanne
de Chalon. Il fut l'un des personnages les plus marquants de
son temps.

Les historiens de sa maison nous apprennent qu'il assista le
duc de Bourgogne, Jean-sans-Peur, lorsque ce prince entre-

---

1. Auteurs et ouvrages à consulter : André du Chesne, *Histoire de la
Maison de Vergy*, in-4°. — P. Anselme, *Histoire généalogique des grands
officiers de la Couronne*, t. II. — Gollut, passim. — Dunod de Charnage,
Nobiliaire du comté de Bourgogne. — *Généalogies historiques de Bourgogne*. — (M¹ˢ de Saint-Mauris), *Aperçu succinct sur l'ordre des chevaliers de Saint-Georges*. — *Archives nationales, Arch. de la Côte-d'Or, du
Doubs et de la Haute-Saône*.

prit, en 1417, de chasser de Paris le Dauphin et les Orléanais ; qu'il se trouva à l'entrevue du Pont de Montereau, où le duc fut assassiné et où il fut lui-même blessé à la main et fait prisonnier (10 septembre 1419). Créé maréchal de France par le roi d'Angleterre (1421), il défit les troupes françaises à la bataille de Cravant, près d'Auxerre, et fut chargé, en 1427, par les Anglais, du gouvernement de Champagne et de Brie. Le duc de Bourgogne, Philippe-le-Bon, dont il fut toujours le fidèle sujet, l'institua capitaine-général et gardien des deux Bourgognes et du Charolais, et l'honora du collier de la Toison d'Or.

Plusieurs documents nous rappellent le souvenir du maréchal de Vergy, au point de vue spécial de Richecourt.

Ainsi, par lettres passées, le 7 janvier 1405, sous le sceau de la prévôté de Coiffy, il contracta avec Etienne de Chatelvouhey, fils de Thibault de Chatelvouhey et d'Isabeau de Liéresse, petit-fils, par conséquent, de Marguerite de Rigney et de Jean de Liéresse, un accord en vertu duquel Etienne de Chatelvouhey prit l'engagement, moyennant la remise d'une somme de 1,200 livres tournois, d'agréer et de ratifier tous les actes de vente que Jeanne de Rigney pourrait faire en faveur de Jean de Vergy, son beau-père, ou d'Antoine de Vergy, son mari, des châteaux, villes et appartenances de Rigney, Richecourt, Frolois et autres. Cet accord semble n'avoir reçu son exécution qu'une quinzaine d'années plus tard, car, par d'autres lettres, du 19 juillet 1421, passées devant le bailli d'Amont, Etienne de Chatelvouhey remit et transporta à Antoine de Vergy et à Jeanne de Rigney tous les droits qui pouvaient lui appartenir « ès villes, chasteaux et forteresses de Rigney-sur-Saone, de Frolois ou bailliage d'Auxois, de Richecourt assis ou comté de Champagne, et de Pourlain assis ou bailliage de Chalon, » pour le prix de douze cents francs d'or [1].

N'ayant point eu d'enfant de Jeanne de Rigney, décédée le 18 août 1429, ni de la seconde alliance qu'il avait contractée avec Guillemette de Vienne, le maréchal de Vergy, sentant sa fin prochaine, consigna ses dernières volontés dans le testament qu'il fit à Champlitte, le 24 juillet 1450. Il fixa le lieu de sa sépulture dans la chapelle du château qu'il possédait dans ce bourg, assura à Guillemette de Vienne un douaire important, confirma les donations qu'il lui avait faites antérieurement et

---

1. Du Chesne, *Généal. de Vergy*, p. 291-292, preuves.

institua pour ses héritiers universels ses trois neveux, Jean, comte de Fribourg et de Neufchâtel, Jean de Vergy, seigneur de Fouvent, et Charles de Vergy, seigneur d'Autrey, qui eut Richecourt dans son lot.

Mais, par un codicile daté du 28 octobre de la même année, Antoine de Vergy disposa de la seigneurie de Richecourt en faveur de Jean, bâtard de Vergy, son frère naturel [1], et donna, en compensation, d'autres fiefs à Charles de Vergy.

Antoine de Vergy mourut le 29 octobre 1439.

Jean, bâtard de Vergy, seigneur de Richecourt, Soilley, Cusey, Beaumont-sur-Vingeanne, Champagne, Regnanes, Changey, Courchamps, Montigny-sur-Vingeanne, etc [2].... accompagna Antoine de Vergy, comte de Dammartin, et Jean de Vergy, seigneur de Fouvent, son neveu, à la bataille de Bulligneville, où René d'Anjou, duc de Lorraine, contre lequel ils combattaient, fut vaincu et fait prisonnier (1431). Conjointement avec Thibault, bâtard de Neufchastel, il fortifia les places d'Arnay et de Montéclair, qu'il tint au nom du roi d'Angleterre et fit même partie de la troupe du bâtard de Bourbon qui, au temps des grandes compagnies, fit tant de mal en Champagne. Après la pacification du royaume, le roi Charles VII lui accorda des lettres de rémission.

Le bâtard de Vergy, qui avait fondé, le 15 septembre 1452, en présence des abbés de Cherlieu et de la Charité, une messe à dire perpétuellement et chaque jour dans l'église abbatiale

---

1. Cette partie du codicile est ainsi conçue : « Item, et pour ce qu'il est tenuz et moult obligez de faire du bien et donner du sien à son bien aymé frère Jehan le bastard de Vergy, recognoissant qu'il est parti de son sang et fils naturel de feu son père, dont Dieu ait l'ame, et pour plusieurs bons et agréables services, curialitez et amitiez qu'il lui a fait et impartiz en plusieurs manières et où il a grandement missionné et frayé du sien, dont par son bon moyen il a recouvré et entretenuz aucune partie de ses biens : pour le en aucune manière rénumérer et pour éviter le vice de ingratitude pour défaut de rénumération, il donne et lègue audit Jehan, son frère bastard, pour luy et les siens, son chastel, ville et appartenances de Richecourt sur Saone-les-Jonvelle, ensemble les rentes, revenus, justice totale et appartenances d'iceluy, nonobstant quelconque chose qu'il en eust ordonné par son testament, etc.... Fait le XXVIIIᵉ jour du mois d'octobre, environ l'heure de tierce d'iceluy jour, l'an M.CCCC.XXXIX, présens à ce messire Jean, comte de Fribourg et de Neufchastel, Charles de Vergy, seigneur d'Aultray et autres. (*Hist. de Vergy*, p. 300-301, preuves.)

2. Le bâtard de Vergy portait : d'azur à trois quintefeuilles d'or, avec la barre de bâtardise d'argent sur le tout. (André du Chesne, *Hist. de Vergy*, p. 249.)

de Theuley, mourut en 1457, et fut inhumé au côté droit du chœur de cette église, sous une tombe plate dont l'inscription était ainsi conçue :

« Cy gist noble homme Jehan bastard de Vergey, escvyer, seigneur de Soilley et de Richecovrt et fils natvrel de fev noble messire Jehan de Vergey, jadis seignevr de Fonvens et de Champlite, seneschavx et mareschavlt de Bovrgogne qui trépassa l'an M.CCCC.LVII [1]. »

Jeanne de Haraucourt, sa veuve, fille de Gérard de Haraucourt, seigneur de Chauvirey, chambellan du duc de Lorraine et sénéchal du Barrois, et de Catherine de Chauffour, se remaria, dès 1458, à Guillaume de Cicon, seigneur de Demangevelle qui, le 29 juin 1471, affranchit les habitants de cette seigneurie de la main-morte, et fit son testament en 1486. Catherine de Haraucourt décéda en 1489, ayant eu quatre enfants de sa première union et quatre de la seconde. Sa tombe, placée dans la chapelle seigneuriale de l'église de Demangevelle, portait l'inscription suivante :

« Hic jacet nobilis domina Catharina de Haravcovrt domina Villæ Dominicæ, quæ obiit XX novembris M.CCCC.LXXXIX [2]. »

Les enfants issus du premier lit furent :

1° Jean de Vergy, dit de Richecourt, dont il va être question ;

2° Jeanne, mariée à Guillaume d'Anglure, puis à Mathieu de Saint-Loup ;

3° Isabelle, femme de Guy de Cicon, seigneur de Gevigney, à qui elle apporta Richecourt ;

4° Guyonne qui épousa, suivant contrat du 28 avril 1470, Erard de Dinteville, seigneur de Fougerolles.

Jean de Vergy, dit de Richecourt, écuyer, seigneur de Longchamps, demeura jusqu'à sa majorité, ainsi que ses sœurs, sous la tutelle de sa mère. Le 14 avril 1461, il présenta

---

1. André du Chesne, *Hist. de Vergy*, p. 303.

2. Ainsi que l'ont fait remarquer MM. Coudriet et Chatelet, Catherine de Haraucourt avait eu l'intention de se faire inhumer dans l'abbaye de Cherlieu, comme le prouve l'inscription suivante qu'on y voyait avant la Révolution : « Cy gist haulte et puissante dame Katherine de Haraucour, à son vivant femme de hault et puissant seigneur messire Guillaume de Cicons, chevalier, dame de Cicons, Demoingevelle, Beaume, Cusey, Richecour, qui trepassa l'an M..... » On ne sait pas par suite de quelles circonstances cette intention ne fut pas réalisée.

le dénombrement de sa châtellenie de Richecourt, « receptable
au Roy, » pour y détenir des prisonniers et mouvante du
château de Coiffy [1].

1. Je Jehan de Vergey, seigneur de Richecourt, faiz savoir à tous que je
confesse et cognoit tenir en foy et hommage du Roy, nostre sire, à cause de
son chastel de Coiffy, ou bailliaige de Chaumont, les choses cy après dé-
clairées, c'est assavoir le chastel et bourg dudit Richecourt, ensemble toute
la circuité à l'environ, lequel chastel et bourg de Richecourt sont receptables au Roy, et y peut mectre le Roy, ou ses gens, quant mestier en a, et
tenir ès prisons d'icelluy chastel et bourg ès missions du Roy et en son
péril, quant à garde. Item soixante ouvrées de vigne ou environ...... ou
finage d'Aisey. Item ung bois appellé la Vaure, près dudit Richecourt,
contenant environ treize arpans de bois. Item ung autre bois appellé Fécl,
de costé Aisey, contenant environ vingt arpans. Item un bois appellé bois
bannal la Soultre, tenant ou finaige de Betaucourt, contenant environ
soixante arpans. Item environ quatre faulchées de prey séant ou finaige dudit Richecourt. Item environ quinze faulx de pré séant ou finaige dudit
Aisey. Item environ soixante et quatre journaulx de terre séans en plusieurs
lieux ou finaige dudit Richecourt. Item environ dix sept journaulx de terre
en plusieurs lieux ou finaige dudit Aisey. Item un curtilz séant audit Richecourt, contenant environ deux journaulx. Item quinze livres de cens deues
chacun an, le jour et feste Saint-Martin d'ivert, par plusieurs personnes,
Item deux livres de cire deubs chacun an par les hoirs Richard Faure, le
lendemain de la Nativité de Nostre-Seigneur. Item environ sefze sols de
cens deus le jour de Saint-Pancraz par plusieurs personnes, assignés sur
plusieurs prels ès finaige d'Aisey et de Richecourt. Item le dizain d'un penal
froment deuz par les hoirs Jean Chevalier et ses partaigers, le jour de Saint-
Martin. Item la moitié de cinq oblies de rente et le tiers d'une oblie parta-
ble à Symon de Monturel, escuier, dont chacune vault ung penal froment,
deux gelines et trois deniers pour ce, pour ma part cinq quartre froment,
cinq gelines, six demi oblies et la moitié d'un tiers de l'autre oblie, excepté
un pain blanc et une geline que Horry, filz feu Huart de Saint-Beroing,
prant sur ma dite part. »

Suit le détail d'autres maisons, chaseaux, tènements et dîmes, rentes,
redevances et cens dus en nature ou en argent dus par les « hommes,
femmes et subjects desdites villes d'Aisey et de Richeceurt, » dont les noms
sont indiqués. — « Et s'ensuit ce que Symon de Monturel, escuier, ou nom
et à cause de feue dame Marguerite d'Aisey, sa femme, et de ses enffans.
en elle par lui procréés, tient en fied de moy à cause que dessus et rierfied
du Roy, ès-villes de Richecourt et d'Aisey. » — L'acte énumère en détail
les dîmes de Richecourt et d'Aisey, les redevances dues en nature et en argent par les gens de l'arrière-fief, avec indication des noms, plus enviion
quarante six fauchées et demie de prés sur le finage d'Aisey et plusieurs
arpents de terre. Enfin, « lesdits habitans desdites villes de Richecourt et
Aisey doivent le guait et garde oudit chastel de Richecourt. Lesquelles
choses dessusdictes, tant mouvant du fied du Roy nostre sire, comme d'arrière fiedz, je tiens en fied et hommaige du Roy nostre dit sire, comme dit
est, etc., etc.... — Vient ensuite le dénombrement de ce que Jean de Vergy
possède à Vougécourt ou il a « le chaseau d'une tour.... derrière

Ce seigneur mourut sans alliance et fut inhumé dans l'église des Augustins de Champlitte, devant le grand autel. La tombe qui recouvrait sa sépulture portait, suivant André du Chesne, avec l'écusson des Vergy, écartelé du lion rampant des Haraucourt, une inscription ainsi conçue :

« Cy gist noble escvyer Jean de Vergy dit de Richecovrt seignevr de Long-Champs qui décéda de ce monde en l'avtre, le IIII° de décembre, l'an mil cinq cens vingt six [1].

Cette date est évidemment erronée, et nous sommes fondé à fixer à l'année 1474, l'époque de son décès. C'est à cette date, en effet, qu'il fit un testament par lequel il institua ses sœurs, Jeanne, Isabelle et Guyonne de Vergy, ses uniques héritieres, et qu'il légua, en même temps, au monastère de Theuley, la somme de mille florins d'or, à charge de célébrer chaque jour et à perpétuité un messe qu'on appela la messe de Richecourt. Or, un titre de 1489, indique que, dès 1494, Jean de Richecourt était mort, que Guillaume de Cicon, beau-père de Jean de Vergy, et Catherine de Haraucourt, sa belle-mère, assurèrent ce legs, après l'ouverture et la publication du testament, en payant annuellement aux religieux une rente de cinquante francs, enfin que Jean de Cicon, fils de Guillaume de Cicon, et de ladite Catherine de Haraucourt, servait encore cette rente en 1489 [2].

l'église... » et à Passavant-en-Vosges où il tient « pareillement que dessus une tour... derrière l'église, devers l'estang, etc., etc.... — Faictes et données le quatorziesme jour du moys d'avril, avant Pasques, l'an Nostre-Seigneur courant, mil quatre cent soixante et ung ; presens nobles hommes Guillaume de Chermes, Philippe de Champmaigie et Jehan de Montarlot, escuiers, tesmoings ad ce appellez et espéciallement requis, » signé « de Vergy et Pelart. » (Extrait de l'original en parchemin conservé aux Archives nationales, registre P. 177, pièce, n° 543.)

1. *Histoire de la Maison de Vergy*, p. 306.

2. Nous frère Jacques de Saint-Maurice humble abbé de l'eglise et monastère de Notre-Dame de Theulley de l'ordre des Cisteaulx, au diocèse de Langres, et Jehan de Cicon escuier seigneur dudit lieu de Demoingeville, fils de feu noble seigneur Guillaume de Cicon, jadis chevallier et seigneur des dicts lieux, savoir faisons à tous ceulx qui ces présentes lettres verront et oirront que comme en l'an mil quatre cens cinquante et huit, le jeudi après la feste de Sainct Martin d'estey, feue noble dame Katherine de Haraulcourt, lors relicte de feu Jehan bastard de Vergy, seigneur de Richecourt, merre de moy ledict Jehan de Cicon, vendit ès abbé et couvent dudit Theulley vingt francs de rente payables dans un an au jour et feste de la puriffication Notre Dame pour le pris et somme de deux cens douze frans qu'elle en reçut dudit abbé et couvent, et depuis feu Jean de Vergy, fils des-

Ce titre de 1474 prouve surabondamment le décès du testateur vers cette date, et permet de rectifier, sur ce point, le travail de l'historien de la maison de Vergy.

D'un autre côté, on voit par des titres de 1481 et 1483, que ses sœurs intervinrent seules dans les actes concernant leur famille et leurs biens.

De Cicon [1]

Armes : d'or à la fasce de sable.

Sans avoir l'illustration de la maison de Vergy, la famille de Cicon figurait parmi les plus notables de l'ancienne chevalerie du comté de Bourgogne. Originaire de Cicon, terre à château du bailliage d'Ornans, elle remontait sa filiation à Lambert de Cicon, témoin en l'année 1080 d'une donation du comte Guillaume de Bourgogne à l'église de Besançon. Un autre de ses membres, Odon de Cicon avait été du nombre des croisés, qui,

dicts feu seigneur de Richecourt et dame Katerine de Héraulcourt, par son testament deuement ouvert et publié en la court du bailliage d'Amont au siège de Gray, donna et légua ès dicts abbé et couvent pour la fondacion et doctation d'une messe qui veult et ordonna estre par eulx dicte chascun jour en l'église et monastère du dict Theulley, mille florins d'or de Rin pour acheter rente au profit d'iceulx abbé et couvent, et institua ses héritiers universaulx damoiselle Jehanne, Guyonne et Ysabel, ses sœurs, lequel léguat à la publication dudit testament les dicts abbé et couvent acceptant et dès lors ont desservi et dit ladite messe chacun jour. Et depuis assavoir en l'an mil quatre cens soixante et quatorze, les dicts feurent messire Guillaume de Cicon et dame Katerine par le dict temps sa femme, pour l'amour qu'ils avoient au dict de Vergy, jadis filz de la dicte dame Katherine, desirant l'accomplissement de sa volenté, en tant que touchoit le dict légat des dicts mille florins d'or affin que la dicte messe peust estre dicte et célébrée selon la voulunté du dict Jehan de Vergy testateur, promeirent et se obligèrent, mesmement le dict sieur de Demongeville tant en son nom que pour et au nom et l'un faisant fort, de la dicte dame Katherine sa femme, rendre et payer à dicts abbé et couvent cinquante francs de rente chascun an, le premier jour de janvier, audit lieu de Gray en l'hostel que y avoient iceulx abbé et couvent, jusques y auront recouvré les dits mille florins d'or des héritiers dudict feu Jehan de Vergy, etc., etc...., an 1488. (*Archives de la Haute-Saône*, H. 818.)

1. Auteurs et ouvrages à consulter : Gollut, passim. — Chevalier, *Hist. des sires de Salins. Généal. de Cicon.* — Dunod *Nobiliaire du comté de Bourgogne. Généal. de Cicon.* — (Mis de St Mauris), *Aperçu succinct sur l'ordre des chevaliers de Saint-Georges.* — MM. Coudriet et Chatelet, *Hist. de Jonvelle et de Jussey,* — et pour les hommages et dénombrements, les manuscrits des *Archives nationales*, à Paris, cotés P. 163-164 et PP. 13-14.

en 1202, firent la conquête de l'empire d'Orient. Geoffroy, son
fils, prince et seigneur de Carithène, en Arcadie, avait épousé
Hélène de la Roche, fille du duc d'Athènes. Enfin, Guy de
Cicon était bailli d'Aval en 1369.

Guy de Cicon, chevalier, seigneur de Gevigney et de Mercey,
qui, par l'union qu'il contracta avec Isabelle de Vergy, en
1470, devint seigneur de Richecourt, était fils de Jean de
Cicon et de Catherine de Lobœure, et neveu de Guillaume,
mari de Catherine d'Haraucourt, dont il a été question au paragraphe précédent. Guy et Isabelle figurent dans différents
titres, notamment dans les lettres-patentes du roi Louis XI,
en date de 1481, portant fixation des sommes dues sur le partage de Vignory, en la saulnerie de Salins, pour le tiers de
quatre cents livres de rente, anciennement acquises par le bâtard de Vergy : « laquelle tierce partie d'icelle rente, ladite Isabelle maintenoit à elle appartenir comme héritière pour la
tierce partie de son dit feu père [1]. »

Ils laissèrent deux fils : François et Jean.

François, l'aîné, chevalier de la confrérie noble de Saint-
Georges de Franche-Comté, seigneur de Gevigney, Purgerot,
etc., rendit hommage au roy pour ses fiefs de Richecourt et
d'Aisey, le 2 mars 1501 [2]. Dans le dénombrement qu'il présenta en 1508, il déclara, comme l'avait fait Jean de Vergy,
son ayeul, que son château de Richecourt était « receptable
au Roy, » pour y mettre des prisoniers [3]. Enfin, le 22 aout 1520,

---

1. *Archives de la Haute-Saône*, H. 818.

2 Dans cet acte de foi-hommage, Richecourt est, à tort, indiqué comme
relevant du château de Chaumont. Richecourt relevait réellement de Coiffy.

3. « Je François de Cicon, escuier, seigneur de Richecourt sur la Sone,
fais savoir à tous que je tiens et advoue tenir en foy, fief et hommaige du
Roy, notre sire, à cause de son bailliaige de Chaumont, ce qui s'ensuit. Et
premièrement je tiens à cause de son chastel de Coiffy, le chastel et bourg
dudit Richecour, ensemble le circuit à l'environ, lequel chasteau et bourg
sont receptables au Roy, notredit sire, où ses gens et officiers pourront y
mectre prisonniers quand mestier en a, ès missions touteffois dudit sire et à
mon péril quant à garde... » Suit le détail des maisons, granges, terres,
prés, vignes, bois, cens, redevances de la dite seigneurie ; les cens de Vil-
lars-le-Pautel et de Passavant, etc.; enfin, « tout ce entièrement que Jean de
Monsturel (Montureux) et les héritiers de damoiselle de Monsturel, sa feu seur,
ont et tiennent tant ès villes de Richecourt que d'Aisey, le tiennent en fief
de moy à cause de mondit chastel de Richecourt, arrière-fief du Roy notre
dit sire, sans en riens reserver ne excepter.... Signé ce présent dénombrement du seing de ma main et scellé de mon scel armoyrié de mes armes,
le vingt quatriesme jour du moys de novembre, l'an mil cinq cens et huict.
Signé de Cicon. » (*Arch. nat. Chambre des Comptes.* Reg. P. 203., pièce
n° 1, parchemin.)

Claude de Trellys, dit Rocher, archer de la garde du Roi,
fondé de sa procuration, renouvela entre les mains du chance-
lier de France, « les foy et hommage que ledit de Cicon nous
estoit tenu de faire pour raison de la dite terre et seigneurie
de Richecourt, droiz de justice et juridiction, censes et rentes,
revenuz, appartenances et deppendances d'icelle quelzconque,
tenue et mouvant de nous à cause de nostre chastel de Coiffy,
audit bailliage de Chaumont. Ausquelles foy et hommage nous
avons reçeu ledit de Cicon, en la personne de sond. procureur,
pour considération de malladie dont l'on dit qu'il est détenu,
sauf nostre droict et l'aultruy.... [1] »

François de Cicon étant mort en 1525, les deux fils qu'il
laissait de son alliance avec Huguette de Bessey, Guillaume
et Claude se partagèrent l'héritage paternel.

Guillaume, l'aîné, eût par préciput le château de Richecourt avec quelques dépendances, et entra en partage pour le
reste de la seigneurie. Il ne laissa que deux filles de son mariage avec Philiberte de Moissy, Marie et Jeanne de Cicon.
Cette dernière fut unie à Henri de Vy de Demangevelle, à qui,
entre autres biens, elle apporta le château et la moitié du fief
de Richecourt, ainsi qu'on le verra au paragraphe suivant.

Guillaume de Cicon, chambellan du duc de Lorraine, chevalier de Saint-Georges, eut dans son lot les seigneuries de
Gevigney et de Purgerot, en partie, et moitié de Richecourt,
moins le château et le pourpris attribués, par droit d'aînesse,
à son frère Guillaume. Claude de Cicon fit, à la daté du 22 juin
1575, « les foy et hommage qu'il estoit tenu faire pour raison
de la moictié de la terre et seigneurie dudit Richecourt, droictz
de justice et jurisdiction, cens, rentes, revenuz et appartenances et deppendances d'icelle....., mouvant du chastel de
Coiffy [2]. » Il mourut en 1602, après avoir contracté deux alliances, la première avec Claudine Lallemand, fille de Jean Lallemand, baron de Bouclans et de Vaitte, dont il n'eut qu'un fils
Marc de Cicon, chambellan du duc de Lorraine et gouverneur
de Conflans en Bassigny, qui ne laissa pas de postérité de
Bonne de Chavagny ; la seconde avec Anne d'Achey, fille de
Jean d'Achey, seigneur de Thoraise, ancien page de l'empereur Charles-Quint, chevalier d'honneur au parlement de Dôle,
et de Marguerite Perrenot de Granvelle, fille du célèbre chan-

---

1. *Arch. nat.* P. 164.; pièce n° X.
2. *Arch. nat.,* P. 164.

celier de l'empire de Charles-Quint. Sont issus de cette seconde
union quatre enfants :

1° Charles de Cicon, dont nous allons nous occuper ;

2° Marc-François, abbé de Saint-Esvres ;

3° Jeanne-Baptiste, mariée en 1598, à Antoine de Man-
dres ;

4° Marguerite, femme de François de Saint-Martin.

Charles de Cicon, chevalier, seigneur de Gevigney, Mercey,
Purgerot, Combeaufontaine et de la moitié de la terre de Richecourt, épousa Anne de Roucy, fille de Charles de Roucy et de
Anne du Hautoy, qui ne lui donna que deux filles. Françoise-
Elisabeth, l'aînée, femme de Charles de Saint-Vincent, eut en
partage, en 1659, le château et moitié du fief de Chevigney,
plus les biens seigneuriaux de Jussey, Purgerot, Mercey et de
Combeaufontaine. Anne-Catherine de Cicon, la plus jeune, fut
mariée à Charles de Mauléon-la-Bastide, à qui elle apporta,
avec d'autres terres, la moitié de Richecourt, comme on le
verra plus loin.

DE VY DE DEMANGEVELLE, D'OCCORS, DE SAULX-TAVANES, DE LA BAUME-MONTREVEL [1]

Armes : de Vy : d'argent au lion de sable, armé et couronné d'or ;

«   d'Occors : de gueules au chef d'or denché de trois pièces ;

«   de Saulx-Tavanes : d'azur au lion d'or, armé et lampassé de
gueules ;

«   de la Baume Montrevel : d'or à la bande virée d'azur.

Henri de Vy de Demangevelle, d'une vieille maison de chevalerie, connue depuis 1336 dans Guy de Vy, bailli général
du comté de Bourgogne et admise vingt-quatre fois à Saint-
Georges, devint, par son mariage avec Jeanne de Cicon, seigneur du château-fort et d'une partie de la terre de Richecourt,
ainsi que des fiefs de Gevigney et de Mercey. En 1574, le
conseil de Saint-Georges interposa utilement sa médiation
dans le règlement de la contestation survenue, pour des ques-
tions d'intérêt et de prérogatives, entre ce seigneur et Claude de
Cicon, son oncle, tous deux chevaliers de la noble confrèrie [2].

---

1. Auteurs et ouvrages à consulter ; Gollut, passim. — Dunod de Char-
nage, *Nobiliaire du comté de Bourgogne. Généal. de Vy, d'Occors, de la
Baume.* — P. Anselme, *Hist. généal. des grands officiers de la Couronne.
Généal. de SaulxTavanne, de la Baume-Montrevel.* — (De Saint-Mauris),
Chevalerie de Saint-Georges.

2. MM. Coudriet et Chatelet, *Histoire de la seigneurie de Jonvelle.*

Claire de Vy, sa fille, fut unie à Jean d'Occors, dit de la Tour, seigneur de Lieffrans et de Chai, fils de François d'Occors et de Clauda de la Touvière, et lui apporta les biens de sa maison, y compris le château et une portion de la terre de Richecourt, dont il présenta la foi-hommage le 18 août 1588 [1]. Nous avons vu, dans la première partie de cette étude, que Jean d'Occors reprit ce château, en 1597, pour quatre cents écus, des mains des Comtois, et qu'il le tint, en tant que place forte, pour le sieur de Bourbonne.

Philiberte d'Occors, dame de Lieffans, Richecourt en partie, etc..., sa fille et unique héritière, épousa Charles de Saulx, chevalier, baron de Tavanes, de Lugny, comte de Brancion, gentilhomme ordinaire de la chambre du Roi, gouverneur de Lourdon, qui déclara dans le papier-terrier qu'il fit dresser en 1626, « qu'à cause de la dame son épouse, il est seigneur de partie des fiefs et arrière fiefs dépendants de son chasteau et maison forte de Richecourt [2]. »

Claude de Saulx, issu d'une illustre maison de Bourgogne, était petit-fils de Gaspard de Saulx-Tavanes, maréchal de France, et fils de Jean de Saulx-Tavannes, pourvu d'un brevet de retenue de maréchal de France en 1595, renouvelé en 1616,

---

1. Voici le texte de cette foi-hommage : « Henry, par la grâce de Dieu, Roy de France et de Polongne, à noz amez et féaulx les gens de nos comptes à Paris, et à noz procureur et receveur ordinaire audict lieu, ou leurs substitut et commis, salut. Sçavoir vous faisons que nostre cher et amé Claude le Sergent, procureur en nostre chambre des comptes, a nous le jourdhuy, ou nom et comme procureur suffisamment fondé de lettres de procuration spécialles de Jean d'Accourt (d'Occors), dict de la Tour, escuyer, seigneur de Richecourt et Aisey, mary et administrateur des biens de damoiselle Clere de Vy, faict au bureau de nostre chambre des dicts comptes les foy et hommage que le dict d'Accourt, ou dit nom, nous estoit tenu faire, pour raison du fief, terres et seigneurie de Richecourt et Aisey, ses appartenances et deppendances pour la moitié par indivis, à cause du chastel et maison seigneurialle et droict d'ainesse d'icelluy, et pour une quatriesme partie, les quatre faisant le tout, en tout le reste du dict fief terre et seigneurie, appartenances et deppendances, tenue et mouvante de nous à cause de nostre chastel et chastellenie de Coiffy, le tout advenu et escheu à la dicte damoiselle Clere de Vy, tant de son chef, pour le decedz de ses feux père et mère, que par le decedz de feu Jehanne sa seur. A quoy le dict Le Sergent audict nom a esté reçeu, sauf nostre droict et l'aultruy. Sy vous mandons, etc.... Donné à Paris le dix huictiesme jour d'aoust, l'an de grâce mil cinq cens quatre vingt huict, et de nostre regne le quinziesme. — Par le conseil estant en la chambre des comptes, signé : Danes, » *Arch. nat.*, à Paris, Chambre des comptes. P. 164, pièce n° XLII.)

2. Communication de M. le baron de Dalmassy.

avec congé d'en porter le titre, et de Catherine de Chabot-
Charny. Son fils, Claude-François, mourut en 1646 ; sa fille,
Claire-Françoise de Saulx, fut mariée, le 2 janvier 1647, à
Charles-François de la Baume-Montrevel, marquis de Saint-
Martin, d'une célèbre race qui a fourni deux cardinaux-arche-
vêques de Besançon, deux grands maîtres des arbalétriers de
France, deux maréchaux de France, un vice-roi de Naples,
des chevaliers de la Toison d'Or et de Saint-Georges. Il était
fils de Ferdinand de la Baume, comte de Montrevel, et de
Marie Ollier de Nointel. Il mourut en l'année 1666, laissant
plusieurs enfants, parmi lesquels figure Jacques-Marie de la
Baume-Montrevel, appelé le comte de Brancion, marquis de
Saint-Martin et comte de Montrevel, brigadier des armées du
Roi, tué à la bataille de Nerwinde, le 29 juillet 1693.

DE MAULÉON

Armes : de gueules au lion passant d'or, alias d'argent, armé et lampassé de
sable.

François-Charles, comte de Mauléon de la Bastide, chevalier,
seigneur d'Autigny et de Tassigny, colonel de cavalerie pour
le service du duc Charles IV de Lorraine, bailli et gouverneur
du Bassigny lorrain, époux d'Anne-Catherine de Cicon, dame
en partie de Richecourt, Aisey, Ameuvelle, Ormoy, Bourbevelle, Vougécourt, Oigney, Passavant, etc., appartenait à une
maison de l'ancienne chevalerie de Guyenne, que les généalogistes ont indiquée comme issue directement d'Haton, deuxième
fils d'Eudes, duc d'Aquitaine [1]. L'un de ses membres, Giraud
de Mauléon, gouverneur de Calais et conseiller d'Etat, décédé
en 1592, avait été promu à l'ordre royal du Saint-Esprit. Une
branche cadette, établie en Lorraine, au xvr° siècle, y fit
grande figure et compta dans ses alliances les noms des du
Châtelet, de Choiseul-Ambonville, de Nogent, de Saint-Félix,
de Choiseul-Beaupré et autres.

Le nouveau seigneur de Richecourt était fils de François,
comte de Mauléon la Bastide, seigneur d'Autigny, maréchal
des camps des troupes lorraines, et de Catherine des Salles.
En 1655, il quitta le service du duc de Lorraine et se rendit
avec son régiment à l'armée de France. Le conseil de guerre

---

1. Auteurs et ouvrages à consulter : P. Anselme, *Hist. généal. des grands
officiers de la Couronne*, passim. — Dom Planchet, *Hist. de Lorraine*, t.
III, p. 508, 635, 646. — Houat et Callot, *Histoire de la maison des Salles.*
— De Saint-Allais, *Généal. de Mauléon*, t. II, pages 98 à 109, etc...

de Lorraine le condamna à mort, ainsi que le colonel de Reme-
noncourt qui était également passé à la France. M. de Mauléon
fit sa soumission au duc de Lorraine et rentra en grâce.

Le 23 juin 1665, le comte de Mauléon rendit hommage au roi
pour moitié de Richecourt et ses dépendances, dans lesquelles
il comprit la moitié d'Aisey. Mais le 26 juillet 1680, sa veuve,
Anne-Catherine de Cicon, présenta un dénombrement distinct
pour chacun de ces fiefs [1].

Madame de Mauléon, qui vivait encore en 1696, laissa trois
enfants : François, comte de Mauléon, gouverneur du Bassigny lorrain, puis commandant du régiment de Taff pour le
service de l'Empire ; une fille, chanoinesse de Remiremont,
puis religieuse annonciade, et une autre fille, Gabrielle, femme
de Sébastien, comte de Kinigl, conseiller d'Etat de l'empereur
d'Allemagne.

HUMBELOT, CARETOT

Armes : Humbelot, d'azur à la fasce ondée d'argent accompagnée de deux
annelets d'or, posés deux et un.

Avec la famille Humbelot, originaire de Champagne, et qui
passait pour noble [2], commence, au moins pour la portion
principale de Richecourt et d'Aisey, la nouvelle série des seigneurs dont nous venons de parler au commencement de ce
chapitre.

Simon Humbelot, conseiller au bailliage et siège présidial
de Langres, fils d'Antoine Humbelot et de Claire Mugnier, fit
l'acquisition des trois quarts des seigneuries de Richecourt et
d'Aisey, par deux contrats passés devant Me Isselin, notaire
royal à Langres, les 16 mai 1691 et 23 février 1694, ainsi qu'il
est spécifié dans la foi-hommage qu'il rendit au roi. le 4 mai
1694 [3]. Cette pièce n'indique pas les noms des vendeurs qui
durent être les Mauléon et les Saulx-Tavanes ou la Baume-
Montrevel.

L'autre quart de ces deux fiefs était alors, en majeure partie,
la propriété des familles de la Rue et de Lombard dont il sera
question plus loin.

---

1 *Arch. nat.*, P. 1773.

2. La Chenaie des Bois a donné la généalogie de cette famille au tome
10 de son dictionnaire généalogique, édition de 1866.

2. *Archives nationales*, P. 168, n° 3104, et P. 1773.

En 1706, Simon Humbelot et Simonne-Ignace Lambert, sa femme, fondèrent dans leur château de Richecourt, la chapelle de Saint- Antoine dont ils se réservèrent la présentation, qui, après eux, leur fils unique étant alors décédé, devait passer à la famille Véron [1]. Nous avons vu précédemment que cette chapelle occupait le premier étage de la tour de la seconde enceinte.

On sait qu'en 1719, à la suite de fâcheuses circonstances, le château et les trois quarts de la seigneurie de Richecourt appartenaient à Pierre Caretot, seigneur de Jonchery, qui les vendit, le 15 avril de la même année, pour le prix de vingt mille livres, à Guillaume Gousselin, magistrat au présidial de Langres [2].

Les trois quarts d'Aisey furent acquis, en 1720, par voie d'échange, du curateur à l'absence et mort civile de Simon Humbelot, par Nicolas Charlot de Rimaucourt [3].

Richecourt et Aisey se trouvèrent alors possédés ainsi qu'il suit :

1° Les trois quarts de Richecourt, avec le château, par M. Gousselin ;

2° Le quart de Richecourt et le quart d'Aisey, par M. Brunet de la Motte, héritier des Lombards ;

3° Les trois quarts d'Aisey, par M. de Rimaucourt.

Nous allons suivre, jusqu'à l'époque de la Révolution, la nomenclature des seigneurs de ces principales divisions.

Trois quarts de Richecourt

Gousselin

Armes : d'azur au chevron d'or accompagné de trois aigles de même, tenant chacune à leur bec un serpent d'argent, et posées deux en chef et une en pointe [4].

Bien que la famille Gousselin, par suite d'un usage abusif de l'époque, ait pris quelquefois dans les actes publics la

---

1. In castro de Richecour, Capellania Sti Antonii fundata et dotata per Simonem Humbelot dominum loci, et Simonam Ignatiam Lambert coujugem, cujus patronatum sibi retinuerunt, et post eorum obitum pertinere voluerunt ad Hieronimum Veron ejusque liberos masculos natu majores, et in ea aliqua officia divina per capellanum facienda fundarunt, instrumento dato, 9 februarii 1706; approbavit ordinarius 10 julii 1706. (*Pouillé de l'archevéché de Besançon*, t. II, p. 35, *Arch. du Doubs.*)

2. *Arch. Nat.*, P. 1773.

3. *Arch. Nat.*, P. 1163.

4. D'Hozier, *Armorial général de France*, 1696. *Reg. de Champagne.* — Cachets de cire.

qualification de noble, elle appartenait à l'ordre de la bourgeoisie et ne fut pas convoquée à la Chambre de la noblesse du bailliage de Langres, en 1789. Elle remontait sa filiation à Antoine Gousselin, procureur fiscal de la seigneurie de Piépape en 1610 [1].

Guillaume Gousselin, conseiller du roi, lieutenant particulier, assesseur criminel au bailliage et siège présidial de Langres, qui acquit de M. Caretot le château et les trois quarts de la seigneurie de Richecourt, le 15 avril 1719, était fils de Jean Gousselin, lieutenant assesseur de l'Hôtel-de-Ville de Langres [2], et d'Anne Clément.

Le 10 mai 1743 et le 1er octobre 1754, il fournit les foi-hommage et dénombrement de ce qu'il possédait à Richecourt. Les droits de quint et de requint furent fixés à la somme considérable de quatre mille huit cents livres [3].

Il laissa de Claudine Rouillaud, sa femme, cinq enfants, dont l'aîné, Nicolas-François Gousselin, lieutenant-colonel d'infanterie, chevalier de Saint-Louis, marié à Mlle Cadenet d'Antrage, renouvela, par acte du 31 décembre 1777, l'aveu du château et des trois quarts de Richecourt, comme héritier de ses père et mère et comme acquéreur des portions revenant à ses cohéritiers [4].

1. D'après une généalogie que nous devons à l'obligeance de M. Julien de Laboulaye, bibliothécaire de la ville de Langres. — Voir aussi sur cette famille les registres paroissiaux d'Aisey.

2. A ces charges du bailliage et de l'hôtel de ville étaient attachés divers privilèges et certaines exemptions d'impôts qui présentaient quelque analogie avec ce qu'on pourrait appeler la noblesse personnelle, mais qui ne donnaient droit, en fait, à ceux qui les tenaient, qu'à la dénomination de privilégiés, sous laquelle ils figuraient comme exempts sur les rôles des tailles.

3. *Arch. Nat.* P. 1173.

4. « Dénombrement que noble Guillaume Gousselin, conseiller du Roy, lieutenant particulier assesseur au bailliage et siège présidial de Langres, seigneur de Richecourt, donne au Roy, notre sire, pardevant Nosseigneurs les présidens trésoriers de France, généraux des finances et grands voyers en la généralité de Champagne, de la ditte terre et seigneurie de Richecour, scituée dans le ressort du bailliage de Langres, régie par la coutume de Chaumont en Bassigny, mouvante de Sa Majesté à cause de son château de Coiffy, dont il appartient un quart au sieur Daniel Brunet de la Motte, les autres trois quarts acquis du sieur Pierre Caretot, seigneur de Jonchery, pour et moyennant le prix et somme de vingt mil livres, par acte sous signature privée, en datte du 15 avril 1719, dont a été fait dépôt en l'étude de Coquet, notaire à Chaumont, le 4 aoust 1720, controllé ledit jour, insinuez à Langres, le onze aoust de la même année. »

En 179%, à la mort de M. Gousselin, dont le fils unique, Nicolas Gousselin, sous-lieutenant au régiment de Boulonnais infanterie, avait été tué en duel, vers 1790, le domaine principal de Richecourt passa à son neveu M. Jean-Nicolas Charles, de Langres, qui ne put le conserver. Il fut adjugé, en 1808, à la barre du tribunal civil de Langres, au père de M. le baron de Dalmassy, qui le possède actuellement et a fixé sa résidence dans l'habitation moderne qu'il a fait construire, il y a environ un demi-siècle, près des ruines de l'ancienne forteresse, et qu'on appelle aussi le château.

« Premièrement, appartient audit seigneur les trois quarts de la ditte terre et seigneurie de Richecourt, consistante en les trois quarts de la haute justice, moyenne et basse, institution de tous les officiers, les trois quarts des amendes, épaves et confiscations qui se montent, année commune, à la somme de vingt-quatre livres, et qui ne suffisent pas pour sallarier les officiers, le greffe étant donné gratuitement ; a aussi le droit de faire relever les signes patibulaires cy devant dressés sur le finage dudit Richecourt, lieudit la place des Fourches, appartenantes audit sieur Gousselin. Luy appartient pareillement l'ancien château dudit Richecourt, totalement en ruine, démolly et abbatu par l'ordre de Sa Majesté, avec touttes les dépendances, consistant en une grande cour, maison basse en laditte cour, chapelle, colombier, grangeage, écurie, jardin potager et fruitier audevant dudit château, fossez et enclos joignant et tenant le tout du levant à la rivière de Saonne, du couchant au champt dépendant de lad. seigneurie, du midy à la rue commune et du septentrion au bois de Ransevelle, dans lequel enclos, sur le bord du chemin qui va à la fontaine dudit Richecourt, sont construites deux petites maisons, l'une occupée par le garde et l'autre pour loger un jardinier, lesquelles peuvent rapporter ordinairement douze livres par chacun an.

« Le lieu de Richecourt est composé de quatorze habitans tant laboureurs que manouvriers ; il en appartient audit Gousselin douze, sçavoir, etc.... » (Suit le détail des corvées et redevances dues par ces douze habitants, tant en nature qu'en argent, y compris le droit de guet. Lui appartenant également la totalité du four banal, le quart du moulin d'Aisey, moitié du pressoir banal d'Aisey, la dîme de Richecourt, le quart des cens à percevoir sur Richecourt et Aisey, les trois quarts des lods et ventes à Richecourt, le bois de la Vouère, plus des prés, terres labourables, chennevières, vignes, les arrière-fiefs des Tours Hautes et Basses, de Laferté et du Val, lesquels arrière-fiefs ne lui ont jamais rien rapporté.)

« Promettant d'ajouter ou diminuer sy il a été trop ou trop peu mis au présent dénombrement. En foy de quoy j'ai iceluy signé et scellé du cachet de mes armes, ce 1er octobre 1754. » Signé Gousselin. — Controllé à Chaalon le 12 octobre 1754. Reçu 7 livres 4 sols. (*Archives nationales*, parchemin, carton., Q. 1-995.

Quart de Richecourt et d'Aisey, et ses subdivisions

FAMILLES : DE LA RUE, DE LOMBARD, GUYON DE CHABROL, BRUNET DE LA MOTTE, DE LA MOTTE D'ARSONVAL, DE VALLEROT, PESCHET, PRIOZET.

Armes de la Rue : d'azur au chevron d'or, accompagné de trois losanges, d'argent, posées deux en chef et l'autre en pointe [1].

Armes de Lombard : d'argent à une fasce de gueules, accompagnée de trois tourteaux de même, posés deux en chef, l'autre en pointe [2].

Armes de Brunet de la Motte : de... au lion issant de... tenant entre ses pattes de devant un écusson ou cartouche de ....

Armes de la Motte d'Arsonval : d'azur au bâton ébranché d'argent mis en bande, et à une étoile de même au canton senestre.

Armes de Vallerot : d'or à cinq merlettes d'azur posées en sautoir [3].

Nous ne pouvons indiquer à quel titre la famille de la Rue, issue des anciens mayeurs de Ponthieu, au XIIe et XIIIe siècles, et établie depuis longtemps en Champagne, où elle avait les seigneuries de Mareilles et d'Ormoy [4], se trouva en possession du quart des fiefs de Richecourt et d'Aisey. Tout ce que nous savons, c'est que Françoise de la Rue avait épousé François de Lombard, écuyer, seigneur de la Tour de Bourbévelle, qui, dans un papier terrier du 24 mai 1668, se déclarait seigneur d'une partie de Richecourt et d'Aisey, comme étant aux droits

---

1. La Chenaye des Bois. *Généal. de la Rue*, tome 17, édition de 1866.

2. D'Hozier, *Armorial général. Registre de Franche-Comté*. Il y avait aussi en Lorraine une famille de Lombard qui avait pour armes : de gueules à 2 étendards d'or adossés en sautoir. — *Nob. de Saint-Allais*, tome V, p. 125.

3. Les armoiries des familles Brunet, de la Motte d'Arsonval, de Vallerot, sont désignées d'après les empreintes des cachets de cire apposés sur les dénombrements d'Aisey et Richecourt, conservés aux *Archives nationales*, carton. Q. 1-995.

4. C'est d'Ormoy-sur-Aube et non d'Ormoy-sur-Saône, près de Richecourt, qu'il s'agit. La seigneurie d'Ormoy-sur-Saône appartenait au roi. Elle fut cédée par engagère, le 28 juillet 1703, à Antoine et à Nicolas Brocard, bourgeois du lieu. Elle ne comprenait que la haute, moyenne et basse justice avec les droits utiles et honorifiques.—Elle fut adjugée, en 1724, pour 270 livres de rente, à Gaspard de Clermont-Tonnerre, à charge de rembourser aux sieurs et dames Brocard, Maignien de Mersuay, de Poisson et Laborey, héritiers d'Antoine et de Nicolas Brocard, la somme totale de 2.300 livres. (*Arch. Nat.*, carton A 1-995.)

justifiés antérieurement par le baron de Tavannes [1], et que la dite dame laissa ces propriétés à ses deux enfants Robert [2] et Françoise de Lombard. Elles échurent définitivement à cette dernière, en conséquence du partage fait entre eux, devant Thévenot, notaire à Coiffy, le 22 février 1691.

Françoise de Lombard avait épousé Adam-Louis Brunet de la Motte, écuyer, seigneur de la Tour, lieutenant de cavalerie au régiment de Romainville, qui présenta, le 22 septembre 1696, le dénombrement du quart d'Aisey et Richecourt. La Cour des Comptes n'accepta cet acte qu'à la condition que mot « sujets », employé pour désigner les gens de la seigneurie serait remplacé par celui d'habitants [3].

1. Titre de propriété de M. Adolphe Bonvallet, de Richecourt.

2. M. Robert de Lombard périt assassiné. Voici son acte de décès tel que nous l'avons trouvé dans le registre paroissial d'Aisey : « Le 10e jour d'octobre 1709, le sr Robert de Lombard, cy-devant seigneur de Richecourt, qui a esté tué d'un coup de feu receu à la teste dans le bois Le Roy, finage dudit Richecourt, dont la justice a fait la levée de son corps et transporté en la maison du sr la Motte-Aisey, où il demeuroit cy-devant, a esté inhumé dans le chœur de l'église dudit Aisey, où à son enterrement ont assisté Mlle de la Tour, sa sœur, avec plusieurs autres de la paroisse, René Bazin et Charles Babelle, du dit lieu, se sont avec nous soussignés. N. Aurias. Babel [*]. René Bazin. Vautherin. »

3. C'est l'adveu et le dénombrement que Adam-Louis de Brunet de la Mothe, escuier, seigneur de Richecourt et d'Aisey, en dépendant pour un quart, cy-devant lieutenant de cavallerie pour le service du Roy, au régiment de Romainville, donne à Sa Majesté par devant vous Nosseigneurs les présidens trésoriers de France en Champagne, et ce pour satisfaire à l'hommage rendu par led. sr Brunet, le dix-sept septembre mil six cent quatre vingt seize, situé dans le ressort du bailliage de Langres et relevant en plein fief du Roy à cause de son château de Coiffy, appartenant aud. sr Brunet par loi de partage fait entre Robert de Lombard, escuier, seigneur desdits lieux en partie, et ledit sr Brunet au nom et comme mary de dame Françoise de Lombard, son espouse, du vingt-deux février mil six cens quatre vingt unze, reçu de François Thevenot, notaire royal aud. Coiffy. Premièrement, ledit seigneur a droit en haute, moyenne et basse justice de Richecourt et Aisey pour un quart ; item trois quarts en la moitié du four bannal dudit lieu d'Aisey ; item trois parties en quatre, les quatre faisant le

---

* Ancienne famille d'Aisey, alors représentée par Charles Babel et Pierre Babel de Beaulieu, ce dernier père de Charles Babel de Beaulieu, de Pierre Babel de Bonnille, et d'Agnès Babel de Beaulieu, mariée en 1740 à Antoine de la Morinière, lieutenant d'infanterie.— Jacques et Pierre Babel, seigneurs du fief de Voué, à Enfonvelle, en avaient présenté l'hommage au roi, le 8 février 1684. (Arch. nat. P. 1773.)

Vers la même époque, noble Guyon de Chabrol, capitaine de cavalerie au régiment d'Anjou, prenait, nous ne savons à quel titre, la qualification de seigneur d'Aisey et de Richecourt en partie.

Daniel Brunet de la Motte, écuyer, fils unique des précédents, né à Aisey, le 20 décembre 1695, décédé audit lieu, le 7 septembre 1754[1] avait rendu hommage, le 18 janvier 1751, du quart de Richecourt et d'Aisey, comme héritier de feu son père. De son union avec Jeanne-Françoise de Rodohan, il eut huit enfants, dont deux filles seules survécurent, savoir :

1° Thérèse-Charlotte-Emerique Brunet de la Motte, décédée en 1757, à l'âge de 25 ans, veuve de Gaspard de la Motte d'Arsonval, écuyer seigneur de Voué, Enfonvelle, Bloudefontaine,

tout du moulin bannal dud. Richecourt et Aisey ; item la moitié du pressoir bannal dudit Aisey, en ce qui regarde les sujets dud. sʳ de Lombard qui estoit cy devant seigneur desdits Richecourt et Aisey et led. sʳ de La Mothe ; item trois quarts du bois de Fay, les quatre faisant le tout, à prendre du côté du dit moulin. Item lui est dû par ses sujets cy-après nommés... »— Suit le détail des corvées par charrois et à bras, des cens, redevances en grains, en argent, en volailles, le droit de guet, etc... — « Item luy appartient un arrière-fief audit Aisey, appellé le fief de la Ferté, relevant de luy, à cause de son quart de seigneurie desd. Richecourt et Aisey ; comme aussi relève de luy un autre arrière-fief dudit Aisey, appellé les Tours-Basses, pour une moitié, l'un et l'autre lui doibvent paier le quint et le re-quint denier en cas de vente ou alliénation. Item luy appartient la moitié d'un dixme appellé le dixme de la Guimaude sur un quanton du finage de Villars le Potel... ; item le huitiesme d'un autre dixme sur un autre quanton dudit finage, appellé la grande Rente.... Item luy est dû par chaque ménage dudit Villars, la moitié d'un sol par chaque année à cause de sa dite seigneurie de Richecourt et Aisey, à chaque jour de Saint-Martin d'hyver, du quel droit il ne jouit pas et s'appelle le droit de bourgeoisie.... »—L'acte énumère ensuite : le quart des amendes, les épaves, cens, rentes et redevances, confiscations, plus une tuilerie située près du moulin d'Aisey, le quart de la corvée de Vougécourt, le droit de pacage dans les bois de Passavant, à cause de sa tour de Donzel sise au dit lieu et entièrement ruinée ; les noms des « sujets » de la seigneurie, savoir trois à Richecourt et neuf à Aisey, enfin la nomenclature des prés, terres, vignes, chenevières, friches, etc... « En foy de quoy j'ay iceluy signé et scellé du cachet de mes armes, ce jourd'huy, vingt-deux du mois de septembre mil six cent quatre-vingt-seize.» Signé Brunet de Lamotte. Cachet d'armes. (*Arc. Nat.*, carton Qʳ 1 985 et Registres P. 1773 et P. 222.)

1. Les Registres paroissiaux d'Aisey, conservés à la mairie, contiennent un grand nombre d'actes de naissances, mariages et décès concernant les familles Brunet de la Motte, de Vallerot, de la Motte d'Arsonval, Babel de Bonnille, Charlot de Rimaucourt, Delecey, Gousselin et autres, qui avaient droit de sépulture dans l'église. Ces registres remontent à la fin du xviiᵉ siècle.

lieutenant au régiment de Taleyrand cavalerie, chevalier de
de Saint-Louis. Louis-Gabriel de la Motte d'Arsonval, leur
fils, présenta, en 1770 et en 1776, la foi-hommage et le dénombrement de ce qu'il possédait à Aisey et à Richecourt.

2° Charlotte Brunet de la Motte, sœur cadette de la précé-
dente, mariée le 22 février 1751, à Aisey à Philibert-Marie de
Vallerot, écuyer, lieutenant de dragons au régiment de Baufremont[1]; Elle était veuve lorsqu'elle mourut à Aisey, le 2
avril 1762, âgée de vingt-six ans, laissant deux enfants :
1° Louis-Gabriel-Marie de Vallerot, officier de cavalerie au
régiment de Royal-Navarre ; 2° Charles-Claude de Vallerot,
garde-de-corps de Monsieur, puis capitaine au régiment du
Cap, à Saint-Domingue. MM. de Vallerot donnèrent, en 1770 et
en 1776, le dénombrement de ce qu'ils possédaient à Richecourt et à Aisey, ce qui représentait le demi-quart de ces
fiefs[2]. Ils aliénèrent successivement leur co-seigneurie de
Richecourt.

Madame de Vallerot, leur mère, avait déjà vendu à Jean
Peschet, un quart et demi du moulin bannal d'Aisey, avec
quatre fauchées de pré, pour lesquels ce dernier rendit hommage en 1762 et 1776[3].

Par différents contrats d'échange et d'acquisition, passés
avec MM. Delecey d'Andilly, Gousselin, de Vallerot et autres
particuliers, Pierre Priozet forma un domaine d'une certaine
importance. Dès 1763, il avait acheté de M. de Vallerot, sa

---

1. Présents à ce mariage : MM. Daniel de Brunet de la Motte, écuyer,
seigneur d'Aisey-Richecourt, père de l'épouse ; Jean-Antoine Dufour,
écuyer, lieutenant aux dragons de Baufremont, muni de la procuration de
dame Magdeleine de Vallerot de Chassigneux, mère de l'époux ; de dame
Anne-Barbe de Protois, épouse de Mre Brunet de la Motte ; de demoiselle
Charlotte-Thérèse-Emerique de Brunet de la Motte, sœur de l'épouse ; de
Mre Alexis-Charles de Protois, docteur en théologie, curé de Blunéville ; de
Mre Joseph-Antoine de Protois, chevalier, seigneur de Saussure ; de demoi-
selles Anne-Marguerite et Madeleine de Protois ; de M. Jean-François de
Bichin, écuyer, seigneur de Cendrecourt... (*Reg. paroissial d'Aisey.*)

2. Pour tous les hommages et dénombrements cités dans ce paragraphe,
voir aux *Archives nationales*, à Paris, le registre P. 1773 et le carton Q 1,
995.

3. *Arch. Nat.*, P. 1773.

maison seigneuriale de Richecourt [1]. Il acquit ensuite, en
1765, de Nicolas Baccon, avocat en parlement, un fonds de
terres, prés et vignes ; en 1774, de M. Charles-Claude de Vallerot, diverses pièces de terres et de prés ; en 1782. de M. de
la Motte d'Arsonval, des terres arables, avec le quart de la dime
féodale d'Aisey ; enfin, passant sous silence un grand nombre
d'acquisitions secondaires, on voit que par acte du 3 avril 1783,
Louis-Gabriel-Marie de Vallerot, lui céda tout ce qu'il possédait à
Richecourt, tant en immeubles qu'en droits seigneuriaux, parmi
lesquels sont spécifiés le privilège de chasse, celui de pêche
dans la petite Saône. le droit de four banal, de pressoir, de
corvée à bras, par charrues et par voitures, de guet et garde,
les cens. redevances en grains, volailles et argent, les lods et
ventes, etc., etc., dus par chaque « sujet » de cette portion
du fief [2]. Décidement MM. de Richecourt voulaient quand
même trouver des « sujets » dans les habitants censitaires ou
corvéables de leur seigneurie ; mais la Chambre des Comptes
et le bureau des Finances de Champagne rejetaient impitoya-
blement cette expression vaniteuse et surannée d'un usage
encore assez répandu dans la région. Le roi seul avait des sujets.

Le domaine du nouveau co-seigneur de Richecourt, dont les
deux enfants, Pierre et Marie-Barbe Priozet contractèrent
union dans la maison Mathelat de Bourbévelle, de Cemboing [3],

1. Cette habitation qu'il ne faut pas confondre avec le château de Richecourt, a été agrandie par MM. Priozet, dans la première partie du siècle
courant. La tour carrée du colombier, qui en dépend, a été construite en
1737 par M. Brunet de la Motte. — La famille de Vallerot possédait, à
Aisey, une autre maison seigneuriale qui sert actuellement de mairie et
de presbytère.

2. Titres de propriété de M. Adolphe Bonvallet.

3. Voici d'après le registre paroissial d'Aisey, un extrait de l'acte de mariage de Mlle Priozet : « Le vingt-neuf octobre 1787, Me Joseph Mathelat.
avocat en parlement, fils de M. Claude-François Mathelat, avocat en parlement, seigneur de Bourbévelle, et de dame Barbe Renaudin, demeurant à
Paris, paroisse Saint-André des Arcs, âgé d'environ trente-deux ans, et demoiselle Marie-Barbe Priozet, fille du sieur Pierre Priozet, seigneur de
Richecourt, et de défunte dame Barbe Parisot, de cette paroisse, âgée d'environ vingt ans, ont reçu la bénédiction nuptiale, etc... En présence du
sieur Pierre Priozet, père de l'épouse ; de M. de Thomasset, écuyer, seigneur de Bousseraucourt, cousin de l'époux, demeurant à Martinvelle ; du
sieur Claude-François Mathelat, seigneur de Moncourt, avocat en parlement, son cousin germain ; du sieur Jacques Parisot, ayeul maternel de
l'épouse ; du sieur Jacques-François Parisot, avocat en parlement à Paris, y

est passé successivement, par alliance, dans les familles Babel
de Bonnille et Bonvallet. C'est cette dernière qui le possède
actuellement et qui réside dans l'ancienne maison des Brunet
de la Motte et de Vallerot.

Trois quarts d'Aisey

CHARLOT DE RIMAUCOURT, DELECEY DE RÉCOURT, RIVOT.

Armes de Charlot : d'azur au chevron d'or surmonté d'un croissant d'argent,
ayant à dextre une étoile et à senestre un besant de même et un lion
d'argent en pointe [1].

Armes de Delecey : d'azur au chevron d'or accompagné en pointe d'un agneau
d'argent, portant sur une croix de même un petit étendard d'argent ou
de gueules [2].

Nicolas Charlot de Rimaucourt, bailli du duché-pairie de
Langres. gentilhomme du duc Léopold de Lorraine qui l'ano-
blit, le 7 décembre 1724, était fils de Jean-Baptiste Charlot,
seigneur de Rimaucourt, et de Geneviève Richard. Nous avons
vu précédemment qu'il acquit, par voie d'échange, en 1720, les
trois quarts de la seigneurie d'Aisey. Il en présenta l'hommage
et le dénombrement en 1723 et paya 3278 livres six sols pour
la liquidation des droits de quint et de requint [3]. De son mariage avec Madeleine Petit, il laissa trois enfants : deux filles
et un fils, Jean-Baptiste Charlot de Rimaucourt, écuyer, qui
hérita des trois quarts d'Aisey dont il fournit l'aveu, le 10 mars
1751. N'ayant pas eu de postérité de Charlotte Cornille de
Vandresten, fille de Maximilien Cornille de Vandresten, capitaine d'infanterie, chevalier de l'ordre d'Espagne, et de Mar-
guerite-Charlotte de Latrecey, il fit donation, en 1763, de sa
terre d'Aisey, à ses neveux, MM. Delecey, enfants d'Antoine
Delecey, écuyer, seigneur de Récourt, et de Marie-Catherine
Charlot de Rimaucourt, sa sœur.

demeurant, son oncle maternel, témoins soussignés avec l'époux et
l'épouse.... » Suivent les signatures. — M. Alexandre Mathelat de Bourbévelle, né de ce mariage, épousa Mlle d'Escoubleau de Sourdis, fille du
général marquis d'Escoubleau de Sourdis, dernier représentant masculin de
sa maison. — Elisabeth-Gertrude Mathelat, sœur de Mme Priozet, avait
épousé René Bourgoin, co-seigneur de Raincourt ; une autre sœur Marie-
Adélaïde fut mariée à Jean-Paul de Lamothe.

1. *Généal. Charlot*, due à l'obligeante communication de M. Julien de
La Boulaye.

2. *Généal. Delecey ou de Lecey*, dans La Chesnaie des Bois, t. XI, édition de 1866, et notes de M. A. Lacordaire.

3. *Arch. Nat.*, P. 1773.

C'est à cette occasion que les donataires, Antoine Delecey de Doncourt, écuyer, seigneur de Récourt, et Charles Delecey d'Andilly, son frère, firent dresser, à la date du 28 juillet 1770, le dénombrement des trois quarts de la seigneurie d'Aisey. Ils en présentèrent encore la foi-hommage, le 30 décembre 1774, à l'occasion de l'heureux avènement du roi au trône de France [1].

Le 18 mai 1763, Claude-Marie-Bernard-Antoine Rivot, qui devint maire de Langres, en 1780, avait fourni le dénombrement d'une maison et de divers héritages, situés à Aisey, et donnés à Madeleine Delecey, sa femme, sœur des précédents, par M. de Rimaucourt, son oncle [2].

La propriété de MM. Delecey est passée, dans la première partie de notre siècle, à la famille Husson de Sampigny, par le mariage d'Anne Delecey avec Alexandre Husson de Sampigny. Leur petit-fils, M. Henri de Sampigny a restauré et agrandi, il y a plusieurs années, le château d'Aisey, où il a fixé sa résidence.

Nous voici parvenu au terme de cette étude. Comme le lecteur a pu en juger, notre but, dégagé de toute préoccupation politique, de toute critique exagérée ou systématique sur un régime social, aujourd'hui disparu, régime qui a été, pendant des siècles, le cercle dans lequel l'ancienne société française a vécu et agi dans ses gloires comme dans ses abus, notre but, disons-nous, a été uniquement d'évoquer quelques souvenirs historiques du temps passé, et de retracer, aussi fidèlement que possible, la chronique d'un fief et de ses seigneurs.

1. *Arch. Nat.*, Q 1, 995 et P 1773.
2. *Arch. Nat.*, P. 1773.

Arcis-sur-Aube. — Imprimerie Léon Frémont, éditeur